Münsterschwarzacher Kleinschriften
herausgegeben
von den Mönchen der Abtei Münsterschwarzach
Band 123

Günter Biemer

Unser Glaubensbekenntnis

Eine Auslegung des Credo für heute

Vier-Türme-Verlag

Bibliographische Information der Deutschen Nationalbibliothek

Die Deutsche Nationalbibliothek verzeichnet diese Publikation in der Deutschen Nationalbibliographie; detaillierte Informationen sind im Internet über http://dnb.d-nb.de abrufbar.

2. Auflage 2013

Druck: KN Digital Printforce GmbH, Stuttgart

ISBN 978-3-87868-623-1
ISSN 0171-6360

www.vier-tuerme-verlag.de

INHALT

Vorwort 9

I. „Ich glaube an Gott, den Vater, den Allmächtigen, den Schöpfer des Himmels und der Erde“ 11
1. … an Gott, den Schöpfer des Himmel und der Erde 12
2. …an Gott, den Schöpfer der Menschen 13
3. …an Gott, der die Menschen als Gemeinschaft will 16
4. Schluß 17

II. „…und an Jesus Christus, seinen eingeborenen Sohn, unseren Herrn…“ 19
1. Partnerschaft mit Gott, dem Vater 19
2. Jesu besondere Verhaltensweise zu den Menschen 20
3. Jesu Botschaft 22
4. Jesu Zukunftshaltung 24

III. „ (…und an Jesus Christus…), empfangen durch den Heiligen Geist, geboren von der Jungfrau Maria“ 29
1. Auf der Spur zum Bösen 29
2. Die Heilsbedeutung Marias 32
3. Der Sinn des Daseins: Gott preisen 34
4. Schluß 35

IV. „…gelitten unter Pontius Pilatus, gekreuzigt, gestorben und begraben“ 37
1. Jesu Weg – der Kreuzweg 37
2. Das Kreuz als Verstehensschlüssel für das Leben des Menschen und der Menschheit 40
3. Mitte und Maßstab 42
4. Unsere persönliche Lebensgeschichte im Maßstab des Kreuzes 44

V. „...Hinabgestiegen in das Reich des Todes, am dritten Tage auferstanden von den Toten“ 47
1. Was plausibel ist 47
2. Begegnung ist nicht berechenbar 48
3. Ostern ist das Ereignis des Unwahrscheinlichen, des Unverhofften 49
4. Das Fest der Unwahrscheinlichkeit 51

VI. „Aufgefahren in den Himmel, er sitzt zur Rechten Gottes, des allmächtigen Vaters“ 55
1. Der Abschied 55
2. Erinnerung blüht auf 56
3. Die Heimkehr in die Endgültigkeit 58
4. Leben im unendlichen Jetzt 59

VII. „Von dort wird er kommen, zu richten die Lebenden und die Toten“ 61
1. Die Gestaltung unseres je persönlichen Lebens 61
2. Wir schauen auf Gott, der Richter ist und unser Heil will 63
3. Wir fragen, wie wir uns auf Gott hin verhalten sollen 65

VIII. „Ich glaube an den Heiligen Geist“ 69
1. Sich auf Gottes Geist einlassen 69
2. Gottes Geist zur universalen Weitung des Horizonts 70
3. Am Pfingstfest geht uns Gott durch den Heiligen Geist elementar auf 71
4. Das Fest des Heiligen Geistes hat begonnen 73

IX. „...die heilige katholische Kirche, die Gemeinschaft der Heiligen..." 77
1. Die heilige Kirche 78
2. Die katholische Kirche 79
3. Die Gemeinschaft der Heiligen 81
4. Schluß 83

X. „Ich glaube...die Vergebung der Sünden" 85
1. Was besagt „Sünde"? 85
2. Was bedeutet Vergebung? 86
3. Die Kettenreaktion der Versöhnung 90

XI. „Ich glaube...die Auferstehung der Toten" 93
1. Auferstehung der Toten aus der Perspektive unseres Lebens 93
2. Auferstehung der Toten als Aussage der Offenbarung Gottes 97
3. Gibt es Umrisse einer Vorstellung von der Auferstehung? 98
4. Schluß 100

XII. „Ich glaube an das ewige Leben. Amen" 101
1. Jesus, der Zeuge des Ewigen 101
2. Die Sehnsucht nach dem, was bleibt 103
3. Was das ewige Leben ausmacht 105
4. Ein Bild, ein Gleichnis? 107

Vorwort

Zu den kostbaren Vermächtnissen der Christen aller Konfessionen gehört das Apostolische Glaubensbekenntnis. Es verdankt seinen Namen der Entstehung in so früher Zeit der Kirche, daß man bereits im 4. Jahrhundert in Rom glaubte, es gehe direkt auf die Zwölf Apostel zurück. Die zentrale Stelle „(gekreuzigt), gestorben ... und begraben ... am dritten Tage auferstanden (von den Toten)" findet sich im Ersten Brief des heiligen Paulus an die Christen in Korinth (1 Kor 15, 3). Das Apostolische Glaubensbekenntnis war der zusammenfassende Text, den die Taufbewerber (Katechumenen) in der Zeit der Kirchenväter des 4. und 5. Jahrhunderts als ihr Bekenntnis vor der Christengemeinde ablegten. Es ist in seinen Vorformen geheiligt durch das Zeugnis unzähliger Martyrer und Bekenner. Mitschriften von Predigten machen deutlich, wie sich z.B. der heilige Ambrosius, Bischof von Mailand im 4. Jahrhundert, darum mühte, durch mehrmaliges Aufsagen und Erklären das Glaubensbekenntnis den Katechumenen seiner Gemeinde zu erschließen. Es wurde durch mündliche Überlieferung den künftigen Christen auswendig anvertraut. Keine Taufe ohne Bekenntnis des Glaubens.

Der moderne Mensch schätzt kostbare Antiquitäten, weil sich darin Schönheit und gesammelte Zeit vereinen. Das Apostolische Glaubensbekenntnis gehört zu diesen wertvollen Zeugnissen. Beinahe zweitausend Jahre der christlichen Glaubensgeschichte sind darin verdichtet. Es enthält in karger Sprache und oft schwer zugänglichen Begriffen die wesentlichen Geheimnisse des christlichen Glaubens. In fast unüberbietbarer Kürze wird gesagt, wozu der Mensch auf dieser Welt ist und wozu es sie gibt. Vor allem bezeugt es die grandiose Initiative Gottes, quer durch die unvorstellbar große Evolution des Weltalls das Freiheitswesen Mensch auf dem Planeten Erde aus seinem selbst bereiteten Untergangsszenario zu retten und ihm (ewiges) Leben zu schenken. Eine unglaubliche Perspektive für den Spätling Mensch in der Entwicklungsgeschichte, atemberaubender als die Evolutuion des Universums. – Mit flotten Sprüchen und ohne Mühe kommt man nicht hinter die Geheimnisse der Keilschrift ugaritischer Tontäfelchen, hinter die Bedeutung griechischer Buchstaben auf einem Papyrus, hinter den Sinn lateinischer Texte auf einem mittelalterlichen Pergament. So ist es auch mit der Bedeutung des Apostolischen Glaubensbekenntnisses. Deshalb sollten die, die sich eingelesen und eingelebt haben, anderen ihre Kenntnisse und Erfahrungen weitergeben. So ist es gute alte Tradition. Nach einigen Jahrzehnten in der theologischen Lehre ließ ich mich als Pfarrer der Gemeinde St. Jakobus zu Eschbach im Eschbachtal in die Pflicht nehmen, unseren Glauben am Apostolischen Glaubensbekenntnis zu bezeugen. Daß aus diesem mündlichen Vorgang ein lesbarer Text wurde, verdanke ich insbesondere Peter Gschwind und Gisela Rees, Mitchristen und Gesprächspartner in der Gemeinde.

I. „Ich glaube an Gott, den Vater, den Allmächtigen, den Schöpfer des Himmels und der Erde“

Ich halte es für eine wichtige Aufgabe, als Pfarrer einer Christengemeinde das Bekenntnis des Glaubens auszulegen, das am Tag unserer Taufe gesprochen wurde, auf das wir getauft sind, das unsere Kinder als Erstkommunikanten in der Osternacht mit uns zusammen sprechen, das wir also Jahr für Jahr wiederholen als Erneuerung unseres eigenen Taufgelöbnisses, d.h. Taufversprechens. Was versprechen wir mit diesen fremden Worten, die wir auswendig können, aber mitunter nicht inwendig kennen? Oder besser: Was hat uns Gott versprochen, auf das wir uns einlassen?

Wir hören Jesu Wort: „Euer Herz soll sich nicht verwirren lassen“ (Joh 14), als wäre es in unsere Zeit hinein- und auf uns zugesprochen. „Glaubt an Gott! Im Hause meines Vaters sind viele Wohnungen.“ Darauf würde unsere Antwort passen, die wir im Glaubensbekenntnis mit den Worten der Christen aus den allerersten Jahrhunderten geben: „Ich glaube an Gott, den Vater, den Allmächtigen, den Schöpfer des Himmels und der Erde.“

Diesen Worten möchte ich mich zuwenden als Christ in dieser Zeit der zweiten Jahrtausendwende zusammen mit Ihnen, den Mitchristinnen und Mitchristen unserer Kirche. Ich möchte Sie einladen, diese Worte zu überdenken:

(1) in der Weite der Natur unseres Universums,
(2) im Blick auf das Herz von uns einzelnen Menschen
(3) angesichts der Bedeutung unserer menschlichen Gesellschaft, in der wir leben, für uns als Christen.

1. „...an Gott, den Schöpfer des Himmels und der Erde“

Wir sagen, Sonne, Mond und Sterne umgeben uns und sind uns Zeugen für die Schöpfung Gottes. Und wir wissen, Milchstraßensysteme kreisen im Weltall, Abertausende von Galaxien. Im Fortschreiten unserer Technik und in der Verfeinerung der Meßinstrumente entdecken wir erst allmählich die schwindelerregende Größe des Universums, das sich im Maß der Zeit immer auch als Raum ausgedehnt hat und ausdehnt. Über fünfzehn Milliarden Jahre sei das Universum daran, sich auszubreiten, so sagen Wissenschaftler. In einer Sekunde legt das Licht 300.000 km zurück, und so können wir Zeit und Raum ermessen bis hin zu den fernsten Galaxien. Die Schöpfung Gottes: – „Im Anfang schuf Gott Himmel und Erde“ (Gen 1) – sie ist noch im Gang, sie ist dynamisch, sie ist unterwegs. Je mehr Zeit, desto mehr Raum, desto mehr Galaxien; – vielleicht ist es so. Im Verhältnis zu den Christen der ersten Jahrhunderte erscheint uns das Weltall in ganz anderen, in faszinierend neuen Zugängen. Aber was die Offenbarung uns dazu sagt, ist jedenfalls identisch geblieben: Daß Er, der alles in Gang gesetzt hat, trotz aller wachsenden Erstreckung der Welt in Räume und Zeiten uns Menschen auf diesem Planeten Erde unendlich nahe sein und bleiben will. „Ich bin der Ichbinda (für euch)“ (Ex 3,14).

Doch lenken wir unsere Gedanken nun in umgekehrter Richtung, vom unendlich Großen aufs unendlich Kleine! Wenn wir ein grünes Blatt betrachten oder einen Grashalm und ihn zerteilen und weiter zerkleinern, wenn wir an Größenmaße von Tausendstel Millimeter denken, wenn wir organische Zellen und die Zellkerne hinter solcher Breite wahrnehmen konnte, und anderseits in der Gefahr eines Tollhauses, in dem die Berührung mit der Wirklichkeit abhanden kommt vor lauter Bildschirmen, die sich auf diese und andere Weise öffnen und den Blick auf die Wirklichkeit als Schöpfung Gottes verstellen.

4. Schluß

Ich glaube an Gott, den Vater, an Gott, die Mutter, an Gott, der mehr ist als beides, Gott, den Allmächtigen, den Schöpfer des Himmels und der Erde. Ich denke täglich über mich nach vor Gott. Ich erfahre diese Geheimnisse als einen weiten, befreienden Horizont, unter dem der Dialog über den Sinn meiner Existenz ermöglicht ist. Wenn ich das tue, glaube ich.

Ich lasse mich auf Gott ein und lasse ihm das letzte Wort über mich. Dann glaube ich. Ich lasse ihm das letzte Wort über meine Mitmenschen und bin deswegen auf der Hut, über sie nicht zu richten, sondern ihnen in meiner Phantasie Chancen einzuräumen. Wenn ich so eingestellt bin, dann glaube ich.

Ich bin bereit, dort, wo Not am Mann und an der Frau ist, einzuspringen, weil jeder Mensch ein unendlich wunderbares Wesen ist aus Gottes Hand. Wenn ich dazu bereit bin, dann glaube ich.

Ich vertraue mich der unsichtbaren Wirklichkeit Gottes an, der unfaßbar tiefen Zuneigung, die Gott darin zeigt, daß er aus sich selber herausgegangen ist, ein Mensch geworden ist wie du und ich, um sich uns mitzuteilen. So glaube ich.

II. „...und an Jesus Christus, seinen eingeborenen Sohn, unseren Herrn..."

Was ist er für ein Mensch – Jesus Christus –, in dem Gott unsereiner geworden ist, und dessen heilsames Leben und Werk wir von Weihnachten bis zur Himmelfahrt alljährlich feiern? Ich möchte das in vier Antworten zeigen:
- An seinem Leben aus einer tiefen Partnerschaft,
- an seiner einzigartigen Verhaltensweise zu den Menschen,
- an seiner einzigartigen Botschaft,
- an seiner neuen Einstellung zur Zukunft.

1. Partnerschaft mit Gott, dem Vater

Jesus lebt aus einer ganz einzigartigen, tiefen Partnerschaft mit Gott, seinem Vater. Um uns das zu verdeutlichen, halten wir uns an die Quellen, in denen es uns bezeugt wird, die Evangelien. Nach einem Abend vieler Heilungen in Kapharnaum ist Jesus am Morgen aus dem Haus des Petrus, aus der Runde seiner Freunde, verschwunden. Sie suchen lange nach ihm und finden ihn draußen, ganz allein, im Gebet versunken. Sie sagen: „Alle suchen dich, Herr". Aber er sagt: „Laßt uns anderswohin gehen, in die benachbarten Dörfer, damit ich auch dort das Evangelium verkünde; denn dazu bin ich gekommen" (Mk 1,38). Aus dem Gebet schöpfte er Kraft und Orientierung für die Gestaltung seines Lebens. – So heißt es im Johannesevangelium nach einem Tag gemeinsamen Gelingens, nach der Brotvermehrung: „Er aber zog sich auf den Berg zurück, er ganz allein" (Joh 6,15). Ein anderes Mal: „Er verbrachte die ganze Nacht im Gebet. Als es Tag wurde, rief er seine Jünger und wählte aus ihnen zwölf aus" (Lk 6,12f). Die zentrale Entscheidung über die Menschen, denen er sein Lebenswerk anvertrauen wollte, bedurfte der Vorbereitung des Gesprächs mit seinem Gott während einer ganzen Nacht, so sagen die Evangelien.

Im Schiff, in das die Wellen einschlagen, fragt Jesus erstaunt seine Jünger: „Wo ist denn euer Glaube?" Und sie erschrecken – vielleicht im nachhinein mehr über ihn als über den Sturm – und fragen sich: „Was ist denn das für ein Mensch?" (Lk 8,25). Im Gespräch mit einer Frau aus Sychar am Jakobsbrunnen bringen ihm die Jünger etwas zu essen; aber er sagt: „Meine Speise ist es, den Willen dessen zu tun, der mich gesandt hat" (Joh 4,34).

Jesus weist sich als der Mensch aus, der in einer bis dahin selbst in Israel unbekannten Dichte mit dem „Ichbinda"–Gott des Mose verbunden ist. Kurz und bündig klingt das in der poetisch glänzenden Sprache des Johannesevangeliums so: „Ich und der Vater sind eins" (Joh 10,30). In den anderen Evangelien erfolgt bei der Taufe die Bestätigung Jesu als der Sohn, – der einzige Mensch, an dem Gott uneingeschränkt Gefallen hat. Aus dieser tiefen, einzigartig tiefen Gottes-Partnerschaft Jesu lebt die Menschheit unter dem Einfluß der Christenheit seit zwanzig Jahrhunderten.

2. Jesu besondere Verhaltensweise zu den Menschen

Aber auch daraus lebten und leben seine Jüngerinnen und Jünger, daß er eine ganz besondere, ja einzigartige Verhaltensweise unter Menschen

praktiziert hat. Er ist der Mann, der vor keinem Leid zurückweicht. Er sucht aber auch nicht das Leid. Leid ist nicht etwas, was er auf alle Fälle für gut hält. Er nimmt es nur in Kauf, wenn es nötig ist um der Liebe und um der Wahrheit willen und um Gerechtigkeit durchzusetzen. Dann nimmt er es kompromißlos hin und fordert das auch von seinen Jüngerinnen und Jüngern. Und so ist er überall, wo Menschen in Leid sind. Er sucht sie auf und ist mit ihnen betroffen. Er spürt, daß sie etwas aushalten, was nicht von Gott gewollt ist. Und er weiß sich selbst dazu in diese Existenz gerufen, es auszuhalten und zu durch-kreuzen. Er erkennt darin das Böse, das sich auf manche Menschen legt wie Rauhreif über Frühlingsblüten. Darum vertreibt er das Böse in jeglicher Gestalt. Und Menschen, die sich selbst gierig den vielfältigen Formen der Ichsucht und Erbarmungslosigkeit oder Gewalt verschrieben haben, ruft er zur Umkehr und versöhnt sie mit Gott und mit ihrem eigenen Herzen.
So verstehen wir die Szenen der Evangelien wie Bilder im Fotoalbum der Familie derer, die auf Jesus Christus hin an Gott glauben. Die Schwiegermutter des Petrus heilt er vom Fieber als eine Art Eingangsgeste zu seinem Handeln. Den Mann mit der verkrüppelten Hand ruft er in die Mitte der Synagogenversammlung und heilt ihn; er will das Unheil vor allen in die Mitte stellen, um davon zu heilen. Den Ausgestoßenen, vor dem sie Angst haben, der aus Gerasa an den See gekommen war, sucht er auf, heilt ihn und schickt ihn zurück in die Gemeinschaft, aus der er ob seines eigenartigen dämonischen Leidens ausgestoßen worden war.
Die ganze Gemeinde – „die ganze Stadt“ heißt es – stehe dort, wo Jesus Wohnung genommen habe, vor der Tür. Alle warten, daß er sie heilt. Er selbst

verkörpert Heil und Heilung, d.h Gegenwart Gottes. Die Gefahr auf dem See bannt er, weil er durch sein Vertrauen zeigen kann, daß Gott nicht das Unheil und den Untergang der Menschen möchte. Die hungrig gewordene Menge speist er, aber verweist sie darauf, daß dies nicht das Eigentliche ist, sondern ein Zeichen für das „Brot, das vom Himmel kommt“ (Joh 6). Selbst den Leichenzug von Naïn hält er am Stadttor auf, um den jungen Mann ins Leben zurückzurufen. Gott will nicht den Tod der Sünder, sondern daß wir unser Verhalten ändern und leben.
Was steckt hinter dieser Verhaltensweise Jesu zu den Menschen, deren tiefsten Grund er bei dem Gelähmten ins Wort bringt, zu dem er sagt: „Deine Sünden sind dir vergeben“ oder „...was ist schwerer, Sünden vergeben oder heilen?“ (Mt 9,5).

3. Jesu Botschaft

Jesu einzigartige Botschaft für die Menschen faßt Markus im ersten Kapitel zusammen: „Die Zeit ist erfüllt, das Reich Gottes ist nahe. Kehrt um und glaubt an das Evangelium!“ (Mk 1,15). Ich sag es einmal mit meinen Worten: „Nütze die Chance und ändere dich, denn Gott ist dir näher, als zu denkst!“

„Sie sind wie eine Herde, die keinen Hirten hat“, sagt Jesus beim Anblick der Menschen, unter denen er lebt. Und seinen Freunden trägt er auf: „Durchschaut doch, wie die Menschen übereinander herrschen. Wer Macht hat, nützt es aus und mißbraucht sie, läßt sie die anderen fühlen. Unter euch soll es umgekehrt sein. Wer unter euch der Erste sein will, der sei der Diener von allen. Denn auch der Menschensohn ist nicht gekommen, um sich bedienen zu lassen, sondern um zu dienen und sein Leben hinzugeben als Lösepreis" (nach Mk 10,42ff). – Im Kapitel 13 des Johannes-Evangeliums lesen wir die bildhafte Zusammenfassung seiner Botschaft, daß sich in ihm Gott zu uns herabgeneigt hat, daß er, Jesus von Nazaret, Gottes „Zu-Neigung" zu uns ist: „Ein Beispiel habe ich euch gegeben, damit auch ihr so handelt, wie ich an euch gehandelt habe" (Joh 13,15). Er hat ihnen die Füße gewaschen. Den einfachsten oder, wenn man so sagen will, niedrigsten Dienst tut er an denen, die er dazu herausgerufen hat, daß sie seine Nachfolger werden und seine Botschaft weitertragen. Sie sollen diese Botschaft zuvor erfahren haben am eigenen Leib und somit verwandelt werden an Leib und Seele. Jesus richtet ihnen nicht eine Nachricht von Gott aus. Er ist selbst persönlich die Nachricht Gottes. Der Mann aus Nazaret, der die Füße wäscht, ist die Ikone Gottes inmitten der Menschheitsgeschichte, das stärkste Kontrastbild zu allen Gottesbildern, die sonst irgendwo ausgemalt und ausgedacht worden sind. Der gekreuzigte Gott, von dem der Konvertit Paulus in seinem ersten Brief an die Christengemeinde von Korinth schreibt, er erscheine den einen als Skandal und den anderen als Dummheit, er ist genau das geblieben. Darauf muß geachtet werden: Daß wir dieses scharfkantige und unpassende Gottesbild, das Gott selbst in Jesus von Nazaret abgibt, nicht schönen wollen. Wir würden sonst unter der Hand die Gegenwart des lebendigen Gottes dieses Universums aus unserer Mitte verlieren: Gott, den Menschgewordenen und Gekreuzigten. Der Rest von Kirche und Christenheit wäre dann manövrierbares Ritual.

Die Jünger haben die Zielvorstellung Jesu und damit Gottes vom wahren Menschsein des Menschen in den Seligpreisungen erkannt und aufgeschrieben: „Selig sind die barmherzigen Menschen, denn sie werden selbst Barmherzigkeit erlangen. – Selig, die keine Gewalt anwenden, denn sie werden das Land besitzen. Selig sind die Friedensstifter, denn sie werden Söhne und Töchter Gottes genannt werden. Selig, die reinen Herzens sind", – die immer neu auf die Klärung ihres Gewissens achten, – „denn sie werden Gott schauen" (nach Mt 5,1ff). – Also: Selig, die sich von ihm in die Augen schauen lassen, ohne sie zu schließen und ohne ihr eigenes Erröten für falsch zu halten.

4. Jesu Zukunftshaltung

Jesus hat aus dieser Grundeinstellung seines Lebens auch eine einzigartige Haltung zur Zukunft. Er ist nicht angstfrei, aber er ist zweifelsfrei. Jesu Gotteszuversicht ist unerschütterlich genau; pünktlich sozusagen, denn er vertraut, daß der Vater zur rechten Zeit eingreift. „Die Stunde ist gekommen", so heißt es im sogenannten „Hohepriesterlichen Gebet" (Joh 17). Welche Stunde? Im 2. Kapitel desselben Evangeliums gibt die Szene bei der Hochzeit zu Kana darüber Auskunft. Maria sprach: „Sie haben keinen Wein mehr", und Jesus antwortete: „Was willst du von mir, Frau? Meine Stunde ist noch nicht gekommen". – Dreißig Jahre ist er alt und hat auf die Stunde gewartet, die kommen sollte. Und nun, da sie unmittelbar bevorsteht, sagt er wahrheitsgemäß: „Meine Stunde ist noch nicht gekommen". Genau in diesem Augenblick, ja durch diese Zusammenhänge kommt sie zustande: die herrschende Not, der Glaube der Bittenden und die horchende Haltung Jesu, der nicht über die Kraft Gottes seines Vaters verfügt. Jetzt ist sie da, vom Vater gegeben. Und Jesus gibt das erste seiner Aufsehen erregenden „Zeichen", – so hat Johannes „Wunder" übersetzt –, und seine Jünger kommen zum Glauben „an ihn", d.h daran, daß er der vom Vater Gesandte ist, der Sohn Gottes, der, in dem sich Gott selbst in unsere Menschheitsgeschichte einmischt, in sie eintritt, der als unsereiner diese Menschheitsgeschichte erlebt. Das ist der einzige und unendliche Unterschied, daß er alles Gute, alle Gerechtigkeit, alle Sensibilität, alle Freundlichkeit ohne Abstriche durchhält. Auch dort, wo man ihn mit den Ränken und der Hinterhältigkeit menschlichen Denkens und Handelns so konfrontiert, daß er den Kopf nicht mehr aus der Schlinge ziehen kann, bleibt er treu, gütig, entschieden und zuversichtlich. Einmal gelingt Menschsein in einem Menschen ganz.

„Die Stunde ist gekommen": Das ist sein ganzes Lebenskonzept; das wissen wir aus den Evangelien zumindest von diesen letzten Monaten seines Lebens, von diesem letzten Lebensjahr. Seine Verwandten sagten zu ihm: „Geh mit uns hinauf nach Jerusalem und offenbar dich offen! Sag, wer du bist!" – „Mach etwas!" und er sagt: „Meine Zeit ist noch nicht gekommen. Euch ist die Zeit immer gelegen" (nach Joh 7,3ff).

(Ein glaubender Mensch ist ein Mensch, der einen inneren Rhythmus hat, ein inneres Zeitgefälle, ein inneres Vertrauen, ein inneres Geführtsein. „Den Engel an meiner Seite" – schreibt Kardinal Newman ergriffen über den Augenblick, als er als alter Mann noch einmal in jener Kapelle im Trinity College von Oxford vor dem Altar seiner Erstkommunion stand, wo die alles einfor-

dernde Geschichte seines Gottvertrauens begonnen hatte.)
„Jetzt" war im Leben Jesu die „Stunde" der Herrlichkeit und der Verherrlichung gekommen, aber völlig anders, als wir sie uns vorstellen würden. Es ist die Stunde, da sich sein Leben vollendet, da dem Dreiunddreißigjährigen das Leben genommen wird, da er Opfer eines Justizmordes wird, da seine Mutter das Ganze mit ansehen muß, da er weggenommen wird aus dieser Welt und sein Werk eigentlich zerschellt und seine Jünger sich zerstreuen und verschwinden. „Die Stunde ist gekommen, verherrliche deinen Sohn, damit der Sohn dich verherrlicht" (Joh 17,1).
Jesus hat am Ende seines Leben auf dieser Welt in dem Augenblick, als er mit lautem Schrei am Kreuz seine Seele dem Vater zurückgab, nur Todesfinsternis um sich gehabt, wie es dort symbolhaft heißt, daß die Sonne sich verfinsterte. Diese Erfahrung der Selbsthingabe Jesu in das Dunkel der Gottesferne ist für uns besonders kostbar. Denn so wie er sich in das Nichts der irdischen Unerfahrbarkeit Gottes hineinhielt, so ergeht es uns doch in den Versuchen unseres Gottsuchens und wohl bei unserem Sterben auch. Daß gerade daraus die „Stunde" der Auferstehung wird, gibt der Leid- und Todeserfahrung unserer Existenz Bedeutung. Sie ist nicht (mehr) Sinn-los.
Die Freunde Jesu sind es, die selbst da noch mit Zweifel im Herzen auf ihn zugegangen sind, als sie die Bekundung seiner Auferstehung erfuhren. So lautet ihr eigenes Zeugnis, das sie eigenhändig niedergeschrieben haben. Als sie den Auferstandenen „sahen, fielen sie vor ihm nieder. Einige aber hatten Zweifel" (Mt 28,17). Die Schrift ist uns zum Trost geschrieben. Auch in unserem Herzen wohnt nicht nur Glaube, sondern ist auch

Zweifel über die Vereinbarkeit all der Widersprüche des menschlichen Lebens (und Sterbens!) mit der Verheißung Gottes. Wir dürfen es uns also angstfrei eingestehen, wenn unser Glaube zwiespältig ist. Spätestens dann, wenn wir uns vergegenwärtigen, daß wir vor Jesus Christus dem Auferstandenen Rechenschaft über unser Leben abzulegen haben, wird uns aufgehen, daß unser Glaube noch wachsen muß. Daß wir uns fragen lassen müssen: Trägt mein Glaube zur menschlicheren Gesellschaft bei, weil etwas von seinem göttlichen Geist durch mich wirkt?

Erst wenn andere Menschen an mir als einzelnem Christen und an uns als Gemeinde Jesu Christi die Erfahrung machen können, daß sie ein menschlicheres, ein hoffnungsfroheres, ein tiefergründendes Leben haben könnten, ein Leben, in dem auch Unglück und Leid einen Sinn erhalten können, wenn sie sich dieser Partnerschaft Gottes öffnen, zu der uns Jesus Christus befähigt hat und aufruft, dann darf ich und dürfen wir mit Recht sagen: „Ich glaube ... an Jesus Christus, seinen eingeborenen Sohn, unsern Herrn.“

III. „(...und an Jesus Christus...), empfangen durch den Heiligen Geist, geboren von der Jungfrau Maria“

Mit diesem Glaubenssatz denken wir nach über das Böse als Ursache für Gottes Handeln an uns, über die Bedeutung Marias im Heilsplan Gottes und über einen Jubelruf Jesu im Matthäusevangelium.

1. Auf der Spur zum Bösen

Mitunter, wenn ich Besinnung halte, Gewissenserforschung, fällt mir auf, daß ich in Gesprächen Vorgänge nicht ganz genau so geschildert habe, wie sie waren, daß bei der Darstellung persönliche Interessen eingeflossen sind, die das Gesagte zu meinen Gunsten eingefärbt oder entstellt haben. Ich mache mir ein Gewissen daraus und klage mich vor Gott an. Ich weiß natürlich, daß andere Menschen diese Erfahrung des Egoismus oder der Eitelkeit oder Geltungssucht und überhaupt des Bösen genau so machen. Das Böse flechtet sich Tag für Tag in unser Leben ein. Und das war durch alle Jahrtausende der Menschheitsgeschichte so. Wie man weiß, blieb es auch nicht bei Gedanken von Neid und Geiz, Verleumdung und Maßlosigkeit. Gewalt, Brutalität und Zerstörung kamen und kommen hinzu. Der Mensch, dem sein eigenes Leben und das seiner Mitmenschen, ja die Erde *in Freiheit zur Gestaltung anvertraut* wurden, was hat er, was haben wir daraus gemacht? – Wir spüren an uns und an anderen, daß das Böse eine eigentümliche und schwer zu fassende Macht ist, die unablässig um Vormacht im eigenen Lebenslauf ringt, die sich immer wieder darin einzuflechten sucht. Und der Anfang des Widerstands dagegen ist die Überprüfung der eigenen Gedanken und Verhaltensweisen im Lichte der Wahrheit, d.h. im Angesicht Gottes. Vor ihm zuzulassen, was mit uns los ist, auszupacken, wie es um das eigene Leben steht, ist der erste Schritt zurVersöhnung.

Wie wir wissen, ist die Geschichte des Bösen wie eine Seuche in der ganzen Menschheit verbreitet. Es hat viele Namen, wie Auschwitz und alle Konzentrationslager, wie die unnötige Zerstörung von Freiburg und Dresden durch Luftangriffe, wie der Kampf der Unversöhnlichen in Nordirland, wie die Gewalttaten im ehemaligen Jugoslawien, wie die Bluttaten in Rwanda und Burundi usw. Und wenn wir an die Brandstiftungen aus Fremdenfeindlichkeit denken oder auch nur an die persönlich-privaten Haßgefühle bei einem uns nahegehenden Erbschaftsstreit, erkennen wir, daß das Rätsel des Bösen unüberschaubar ist. – Das Böse, über das in früheren Zeiten Höllenpredigten gehalten wurden, die heute niemand mehr erschüttern würden, hat sich verfeinert und vertieft. Es ist umso beachtenswerter, weil es bedrohlicher geworden ist für uns als einzelne und für die Gemeinschaft der Völker.

Auf diesem Hintergrund ist die Botschaft unseres Glaubens zu verstehen, wenn wir sagen: „Ich glaube an Jesus Christus...empfangen durch den Heiligen Geist, geboren von der Jungfrau Maria."

Wir glauben, *daß Gott einen neuen Anfang gemacht hat in der Mitte* der durch das Böse entstellten Menschheitsgeschichte, inmitten der Menschheitsgeschichte. Es wäre heutzutage nicht einmal falsch, Jesu Leben zahlenmäßig als „Mitte der Zeit" zu verstehen. Denn der Anfang der Offenbarungs-

geschichte liegt bei Abraham etwa zweitausend Jahre „vor Christus", und wir stehen am Ende der 2000 „nach Christus".
Jedenfalls bekennen wir in der Sprache des Glaubens, daß der Geist Gottes, der im Anfang „über dem Wasser schwebt", wie es auf der ersten Seite der Bibel heißt (Gen 1,2), daß der schöpferische Gott in seinem Heiligen Geist sich einen Menschen auserkoren, eine Frau auserwählt hat. Er, der im Anfang das All aus nichts erschaffen hat, er wollte seinen Freiheitspartner Mensch nicht weiter in die Sackgasse boshafter und massiver Selbstvernichtung rennen lassen. „Was nützt es einem Menschen, wenn er die ganze Welt gewinnt, dabei aber sein Leben einbüßt?" (Mt 16,26). So hat Gott aus der Mitte der Heilsgeschichte mit Israel einen neuen schöpferischen Anfang für die Menschheit gemacht.
Zu diesem Anfang ist der Dreieine Gott selbst in seinem Sohn Mensch geworden und hat als Mensch gelebt, hat uns die Szenen seines Lebens hinterlassen. Er hat sozusagen menschliche Lebenspraxis abgeliefert, damit wir Maß nehmen können, wie sich Gott den Menschen und das Leben eines Menschen vorstellt. Das ist es, was wir glauben, wenn wir sagen: Jesus ist „empfangen durch den Heiligen Geist, geboren von Maria der Jungfrau". Wie Gottes Schöpferkraft einst den Ersten Adam im Schöpfungsprozeß des Weltalls hervorbrachte, so entstammt auch der „Zweite Adam", – nämlich Jesus – der ursprünglichen Schöpferschaft des Heiligen Geistes, jetzt allerdings in der Einbindung in die Menschheitsgeschichte. Wie sonst irdische Mutterschaft die Folge des Zeugungsvorgangs ist, so entsteht bei Maria, der „Zweiten Eva", durch Gottes eigenen Schöpfungsakt eine gottbezogene Mutterschaft, die Maria Jungfrau bleiben läßt. Deshalb sagt die Heilige Schrift, daß

sie „keinen Mann erkennt", sich vielmehr – wie etwa ein Prophet Jeremia – als ganze Persönlichkeit mit ihrem Lebenslauf für Gottes Sendung zur Verfügung gibt. „Ich bin die Magd des Herrn; mir geschehe, wie du es gesagt hast" (Lk 1,38). Es wäre unangemessen, die behutsam gewählte Bildsprache der Bibel und des Glaubensbekenntnisses einfach durch unsere Vorstellungen zu ersetzen. Dann würden wir ja den ursprünglichen Inhalt, also die Botschaft der Offenbarung Gottes, verlieren. Wir versuchen es deshalb im folgenden auf eine andere Weise, die Art und Weise der Zuneigung Gottes zu uns in ihrer Glaubwürdigkeit zu zeigen.

2. Die Heilsbedeutung Marias

Betrachten wir diesen unseren Glauben, daß Gott die Menschen aus der *Mitte ihrer eigenen Geschichte retten* wollte und will, noch aus der Perspektive Marias: Ein junges Mädchen, das von Gott auserwählt wurde, mit dem er diesen schöpferischen Neuanfang macht und einen neuen Menschen werden läßt, so wie er einst Adam beziehungsweise Eva in schöpferischem Tun werden ließ.

Dabei wissen wir keine biologischen oder physiologischen Details, sondern haben „nur" die untrügliche Gewißheit des *wunderbaren Heilswillens* Gottes: So wie wir auch keine evolutionären Details über das Werden der ersten Menschen haben, sondern nur die eindeutige Gewißheit, daß ER sie – und einen jeden von uns – mit einzigartiger Liebe wollte und will: „als sein Abbild" (Gen 1,27).

Daß Maria von ihrem Uranfang an für diese Berufung ausgestattet war, herausgenommen war aus dem Sündenzusammenhang der Menschen, herausgehalten sozusagen von Gott, das feiern wir an dem Fest mit dem etwas komplizierten Namen von ihrer „Unbefleckten Empfängnis" (am 8. Dezember). Durch Gottes Gnade wurde sie aus dem sündigen Zusammenhang der Menschheit herausgehalten. Gott will in ihr, die die Mutter des Sohnes Gottes werden soll, den Bruch mit dem Bösen bereits andeuten, den Jesus durch seine Lebensgestaltung vollzieht. (Dichterische Theologen haben es in alten Zeiten so gesagt: Daß Maria wie der Morgenstern sei, der das Ende der Nacht ankündige; wobei es natürlich die Sonne ist, die den Tag bringt, also Jesus).

Die beiden Menschen Maria und Jesus waren also insofern – im Sinne des Jubelrufs Jesu, dem wir uns gleich zuwenden wollen – „Unmündige" im Bösen, weil sie keine Erfahrung mit eigener Sünde haben. Wohl haben sie Erfahrung mit der Versuchung, wohl haben sie Erfahrung mit der Sünde anderer, viel stärker als wir andere, denn ihr Leben wurde ja gerade von der Sündenschuld der Menschheitsgeschichte völlig bestimmt und verzehrt. Aber sie haben keine Erfahrung aus eigenen Sünden, keine Erfahrung im Stolz, in der Arroganz, in der Habgier, in der Gewalt, in der Feigheit – den Ursünden des Menschen. Wie völlig fremd Jesus auftrumpfende Geltungssucht war, spüren wir in jeder Szene des biblischen Berichtes an der ungebrochenen Gewißheit und Sicherheit seines Bewußtseins, vom Vater gesandt zu sein, um den Menschen zu dienen. Dieser Mut zum Dienen, diese Demut, ist eine unvergleichliche Position, weil man sich mit ihr an Gott anlehnt und somit den Rücken frei hat. So strahlt aus dem Leben Jesu ein Heilsein und Ganzsein des Menschen, geht von ihm eine große Sicherheit aus, eine Kraft der Persönlichkeit, die nie

entgleist. „Der mich gesandt, ist bei mir; er läßt mich nie allein, weil ich allezeit tue, was ihm gefällt“ (Joh 8, 29). Aus dieser Nähe Gottes, die er in seiner Person verkörpert, kommt auch die Faszination, die er ausübt, die sein Heiligsein als heilende Kraft auf die Menschen ausströmt, die ihm begegnet sind. Wie mit einem Sog zog sein Heilsein und Heiligsein das Böse von seinen Zeitgenossen: die Sünde, die Krankheit, die Isoliertheit, den Tod. Er ist der Neue Mensch.
So können wir verstehen, daß von ihm her der Sinn des Menschseins zum ersten Mal in der Schöpfungsgeschichte und Menschheitsgeschichte aufgeht, weil durch ihn das Ziel des Menschseins erreicht wurde: ein wahrhafter Mensch „ohne Falschheit“ (Joh 1,48). *So wie er sollte und soll der Mensch sein.*

3. Der Sinn des Daseins: Gott preisen

Inmitten des Matthäus-Evangeliums steht *ein Jubelruf Jesu*. Er klingt wie der Lobpreis, zu dem Gott uns Menschen erschaffen hat. Und wie die Antwort der Schöpfung an ihren Schöpfer, ausgesprochen vom Geschöpf Mensch:
„Ich preise dich, Vater, Herr des Himmels und der Erde, weil du all das den Weisen und Klugen verborgen, den Unmündigen aber offenbart hast ...“ (Mt 11,25). Den *Unmündigen im Bösen*, den Kleinen, die klein von sich und groß von Gott denken. Das spiegelt das Menschenbild des Neuen Menschen, das Jesus in der Bergpredigt zeichnet: „Selig, die arm sind vor Gott; denn ihnen gehört das Himmelreich. ... Selig, die keine Gewalt anwenden; denn sie werden das Land erben. Selig, die ein reines Herz haben; denn sie werden Gott schauen ...“ (Mt 5,1-8). Da ist Jubel zu Gott und

Seligpreisung des Menschen vom Neuen Menschen Jesus, der sich Menschen-Sohn nannte.
Diesem Lobpreis Jesu, in dem die Größe Gottes und die Größe des Menschen zum Ausdruck kommt, ist der Lobpreis Marias ganz analog. Das mag zuerst überraschen, aber nach unseren bisherigen Überlegungen zum Glauben an den Anfang mit den Neuen Menschen Jesus und Maria ist es folgerichtig: „Meine Seele preist die Größe des Herrn, und mein Geist jubelt über Gott, meinen Retter; denn auf die Niedrigkeit seiner Magd hat er geschaut. Siehe von nun an preisen mich selig alle Geschlechter; denn der Mächtige hat Großes an mir getan. ... Er zerstreut, die in ihrem Herzen voll Hochmut sind; er stürzt die Mächtigen vom Thron und erhöht die Niedrigen ..." (Lk 1,47-52).
Dieser Lobpreis, der so lauter und rein, so pur und redlich inmitten der Menschheitsgeschichte auflodert wie eine Flamme zu Gott dem Schöpfer, zeigt: Hier ist der Anfang der Neuen Menschheit. Hier sind die, die erkannt haben, wozu diese Schöpfung da ist, wozu es gut ist, daß es uns Menschen gibt.

4. Schluß

Der Sinn unseres Lebens kann sich für uns lichten, indem wir auf diese beiden Neuen Menschen hinschauen, auf Jesus Christus und auf Maria, die ihn „empfangen hat vom Heiligen Geist (und) geboren". Wir haben zwar nicht ihren Dienmut (=Demut) zu ungebrochener Befolgung der Weisungen Gottes; das sagt uns unser Gewissen. Wohl aber kann uns gerade diese Einsicht Anlaß zu Einkehr und Umkehr werden. Wir sehen ein, daß wir „arm sind vor Gott", und wir erinnern uns voll Hoffnung, daß uns – durch die Gnade Jesu – derselbe schöpferische Heilige Geist in der Taufe berührt hat, der in Maria tätig geworden ist. So haben wir allen Grund zum Jubel. Und wir verstehen aus diesem Geiste, weshalb die Aussage „Te Deum laudamus – Großer Gott wir loben Dich", gemeint ist jedes Gotteslob, den Sinn unserer Existenz am deutlichsten zum Ausdruck bringt und sich im Vollzug befreiend auf uns auswirkt.

IV. „... gelitten unter Pontius Pilatus, gekreuzigt, gestorben und begraben“

1. Jesu Weg – der Kreuzweg

Es war eigentlich ein „ganz normaler“ Vorgang. Hinrichtungen waren nichts Außergewöhnliches für die Römer, und gerade jetzt, ein paar Tage vor dem Fest, mußte man kurzen Prozeß machen; denn nach dem ersten Frühlingsvollmond und dem darauf folgenden ersten Sabbat war die große Osterfeier, das Fest, bei dem die Juden der Befreiung durch Gott aus Ägypten gedachten. Bis dahin sollte die Unruhe beseitigt sein und der Unruhestifter auch.
So geht Jesus durch die Straße, das letzte Mal. Er schaut auf die Gesichter, die eine oder den anderen erkennt er. Sein Kopf ist blutverkrustet, der Rücken zerschlagen von den Peitschenhieben der Folter. Er hat den Querbalken geschultert. Als Zimmermann weiß er, wie man mit Holz umgeht. Besser als die beiden anderen, für die dieser Tod nicht so überraschend kam wie für ihn. Er weiß, es sind die letzten Gedanken, die er auf dieser Welt denkt und die letzten Worte, bevor er dieses sein Leben zurückgibt an den, der es ihm gegeben hat und an den er so glaubt, wie kein Mensch vor ihm und keiner nach ihm dem Vater im Himmel glaubte. Aus Liebe zu ihm hat er sein ganzes Leben, Atemzug für Atemzug, gelebt.
Hinterher tat es ihnen leid, daß sie ihn nicht gesehen hatten, daß er sie nicht sehen konnte. Sie, die engsten Freunde, die noch am Vorabend mit ihm die Hand in die Schüssel getunkt hatten, um Bitterkräuter und Lamm mit ihm zu essen. Sie

waren verschwunden aus Angst, besser ist besser. In dieser unruhigen Zeit dachte jeder an sich, soweit er denken konnte in dem Chaos der Gefühle. Wenn es kritisch wird, ist die Zahl der Treuen geringer. Aber etwas wollten sie doch von ihm mitnehmen oder haben. Und nicht nur sie, auch die anderen: Da gab es das Schweißtuch der Veronika, das man bis heute verehrt, da gab es die Heiligkreuzreliquie zuerst vereinzelt, dann seit den Kreuzzügen in ganz Europa Dutzende von Kreuzreliquien. Es gibt den heiligen Rock in Trier, das heilige Grabtuch in Turin, und all die andern Reliquien, mit denen man an ihm *Anteil haben* wollte und will.

Bereits damals, denke ich, waren sie darauf aus, aber all das ist äußerst zweifelhaft, äußerst unsicher, davon weiß man wenig. Schon die Kaiserin Helena, die eigens nach Jerusalem gereist war, hat das Kreuz nur mühsam identifizieren können, indem man einen Kranken darauf legte. Und als er geheilt wurde, glaubte sie. Sie glaubte, daß dies ein Stück vom Kreuz Jesu war, des Mannes, der den Tod, beseelt von dem Gedanken auf sich genommen hatte: Vater, gekommen ist die Stunde, da du den Sohn verherrlichst und der Sohn dich verherrlicht (nach Joh 17,1). *Anteil haben* an jener unendlichen Herrlichkeit, die Gott ist. Das war sein Gedanke, als es mit ihm zu Ende ging. Ein grandioses menschliches Denken, ein einzigartiges menschliches Denken war sein eigen: Keine Gewalt, nicht gegen sich, nicht gegen andere, keine Verzweiflung: nicht über sich, nicht über andere. Keine Bitterkeit über dieses so kurze Leben mit seinen knapp über dreißig Jahren. „Wenn es möglich ist, daß dieser Kelch an mir vorübergeht, ohne daß ich ihn trinke...“; aber: „Es geschehe Dein Wille.“

gekleidet oder arm und nackt, den festen Seilzug des Teufels um ihren Hals spüren, d. h. das Brandmal des Bösen auf unserer Biographie tragen. Am Maßstab des Kreuzes gemessen lautet die Anfrage an unser Leben: Ob unsere Mitmenschen, ob unser Gewissen, ob Gott von uns sagen kann, was in 1 Joh 3 steht: „Wir sind vom Tod zum Leben hinübergegangen, weil wir die Brüder (und Schwestern) lieben."

Versuchen wir mit einigen Stichfragen unser Leben in Frage zu stellen! Wird man dort, wo ich wirklich gut bekannt bin, sagen: Er ist mitunter auch einen Schritt zurückgetreten, um andere im Leben vorzulassen? Aber auch umgekehrt: Wird man sagen können, er bzw. sie weicht keinen Schritt zurück, wenn es darum geht, für einen Schwächeren einzutreten? Gibt es dort, wo nur ich Zugang zu mir habe, im Heiligtum meines Lebens, d. h. in meinem Gewissen, das Zeugnis, daß ich Böses, das man mir zugefügt hat, hinter mir gelassen habe, es im Schweigen vergehen ließ und niemand mehr darum weiß als nur der Vater im Himmel? Wird dort, wo keine Spendenbescheinigung hinreicht, Gott in meinem Gewissen bekunden, daß ich etwas von dem, was ich habe und was ich bin, mit anderen Menschen, die in Not sind, geteilt habe?

Bekanntlich haben wir Menschen im Zeitalter des Selbstverwirklichungskomplexes Angst, nicht genug Leben mitzubekommen. Da lächelt uns der orientalische Nazarener Jesus, Menschensohn und Gottessohn, an und fragt: Du Narr, du Närrin, in dieser Nacht noch wird man deine Seele von dir fordern, wem soll dann all der Reichtum deiner Erlebnisse aus den Traumreisen deiner Lebens-Verschwendung gehören?

Das Kreuz als Maßstab stellt an uns die Frage: Ist an deinen Lebensentscheidungen und an deinem

Lebensstil ablesbar, daß du Gott die erste Priorität einräumst? Daß du in den Zukurzgekommenen um dich herum die Gegenwart des Sohnes Gottes glaubst? Daß du keine Angst hast, etwas herzugeben, weil du von dem Glauben geleitet bist, daß es dir 30-, 60- und 100fältig erstattet wird und dazu das Ewige Leben?
Dichter können eindrücklicher zur Sprache bringen, worum es im Leben geht, auch im Leid. Einer, der dabei aus eigener Lebenserfahrung sprach, war Reinhold Schneider. Sein Leben, so darf man mit Fug und Recht sagen, war in seinen physischen und psychischen Schmerzen unter dem Maßstab des Kreuzes verbracht. Deshalb können wir sein „Grablied" als ein glaubwürdiges Glaubens-Bekenntnis hören:

„Wer heimlich Christi Leiden
an seinem Leib gespürt,
wird beim Hinüberscheiden
von seinem Glanz berührt.
Wer Christi Tod erlitten,
wird mit ihm auferstehn;
wo Er hindurchgeschritten,
da wage ich's zu gehn."

(Aus: Herz am Erdensaum)

V. „... Hinabgestiegen in das Reich des Todes, am dritten Tage auferstanden von den Toten"

1. Was plausibel ist

Obwohl das Christentum zweitausend Jahre alt ist, obwohl seine Lehren ununterbrochen in der Welt verbreitet wurden, obwohl wir selbst zumeist von Kind auf Christen sind, gibt es dennoch keine Botschaft, die uns so unverständlich und so unglaublich vorkommt wie die von der Auferstehung Jesu von den Toten. Es geht uns noch heute genau so wie denen, die sie zuerst vernommen haben. Die Frauen berichten von ihrer Begegnung am Grab, von der Frage: Was sucht ihr den Lebenden bei den Toten? Und von den Aposteln heißt es, daß die Erzählung der Frauen ihnen wie ein Märchen erschien und sie ihnen keinen Glauben schenkten. – Als Paulus zwanzig Jahre später auf dem Marktplatz der Weltstadt Athen von der Auferweckung Jesu von den Toten spricht, lächeln seine Zuhörer, die ihm bisher interessiert gelauscht hatten, nachsichtig und machen sich auf den Heimweg.

Auch uns ist alles andere plausibler als Auferstehung von den Toten. Sag zu einem jungen Menschen der Informationsgesellschaft, daß man vieles lernen muß, um es zu etwas zu bringen, und er wird dir früher oder später Recht geben. Sag zu Leuten, daß Übung den Meister macht, und sie werden wissen, wovon du redest. Sag in einer Industrienation, daß man nur durch Leistung zum Erfolg kommt, und jeder wird diese Devise bejahen, weil viele sie befolgen.

Selbst, wenn wir mit Menschen über Gott ins Gespräch kommen, werden die meisten eine Vor-

stellung davon haben und sagen, es sei vernünftig, an ein höheres Wesen zu glauben. Mehr noch: Sie werden in einer besonnenen Stunde bejahen, daß man vor Gott Verantwortung hat, ein Gewissen, und deshalb verantwortungsbewußt leben soll. Tue recht und scheue niemand, sagten die alten Deutschen, aus deren Volksmund der Satz stammt: Unrecht Gut gedeiht nicht. Es ist also keine Schwierigkeit zu fordern, daß Menschen sich zum Guten verpflichten und das Böse ablehnen.
Dies sind Wege des Denkens, die einsichtig zu machen sind. Wege, auf denen Generationen vorangekommen sind. Wie auf einer Leiter, auf der Menschen sich ein Emporkommen verschaffen. Unser Denken in dieser Erfolgsgesellschaft ist von Leistung und Verdienst geprägt. So haben wir es von klein auf gelernt, und so prägen wir wieder unsere Kinder und Enkel.

2. Begegnung ist nicht berechenbar

All das Gesagte ist nicht falsch. Im Gegenteil, es ist plausibel und hat seine Berechtigung. Aber solche Einstellung wird dann gefährlich, wenn sie den alleinigen Maßstab der Lebensgestaltung bildet. Denn dann wird für einen Menschen alles, was darüber hinaus reicht, unwahrscheinlich, unwichtig oder unmöglich. Es zählt nicht. Wir werden dann wie Menschen, die keine Antenne haben, keine Offenheit für Unvorhergesehenes, Unvorstellbares, Unverdientes. Und doch ist diese Offenheit für völlig Neues und völlig Anderes als alles bisher Erfahrene das Einzige, was uns weiterbringen kann. Sagte nicht einer, es müsse mehr als alles geben? Gibt es nicht mitunter im Leben die Begegnung mit einem Menschen, der einen völlig überrascht, aus der Fassung bringt und alles Bisherige als weniger wichtig erscheinen läßt? Begegnung mit einem Menschen, der dir Kräfte entlockte, die du selbst noch nicht an dir wahrgenommen hattest? Der dich beglückt hat und dazu beitrug, daß ein neuer Mensch aus dir wurde? Wem eine solche Begegnung zuteil wurde, der weiß, wie wenig eigenes Verdienst und eigene Leistung für das Glück zählen, wie entscheidend die Offenheit für die Begegnung mit Unvorhergesehenem, ja Unwahrscheinlichem ist. Erinnert dich das an die ersten Monate des eigenen Verliebtseins? Dann ist dies ein durchaus zutreffender Vergleich. Andere denken an Begegnungen, wie sie Martin Luther King auslöste, der die Revolution der Gewaltlosigkeit unter den farbigen Amerikanern in den USA in die Wege geleitet hat. Andere an die Ausstrahlung von Roger Schutz von Taizé mit seinen Konzilen der Jugend. Auf solche Weise wird erfahren, daß das Größere im Leben eben nicht eine Sache der eigenen Machbarkeit ist, nicht Produkt der eigenen Gedanken und des eigenen Herzens ist, sondern dort geschieht, wo wir uns auf andere hin verlassen haben und verlassen.

3. Ostern ist das Ereignis des Unwahrscheinlichen, des Unverhofften

Ostern bietet eine Begegnung an, die unsere ganze menschliche Existenz in ein völlig neues Licht taucht. Das Geheimnis der Auferstehung Jesu ist nur vergleichbar mit dem Beginn der Existenz von Menschen auf diesem Planeten und mit dem Ende der Menschheitsgeschichte. Solche Dimensionen hatte jedenfalls schon der große Interpret Jesu, der heilige Paulus, im Sinn, als er sagte: *Die*

Leiden (im Leben) dieser Zeit stehen in keinem Verhältnis zu der Herrlichkeit, die Gott an uns offenbaren will (vgl. Röm 8,18). Ostern ist einfach unglaublich. Wir können es den Aposteln in den Berichten der Evangelien nachfühlen. Ostern eröffnet unglaubliche Aussichten: Daß die Schöpferkraft und Allmacht Gottes, die am Anfang war, weiter am Werk ist und diese Menschheit und diese ganze Welt verändern, verwandeln wird, damit schon begonnen hat, das bedeutet die Auferstehung.

Blinde sehen, Lahme gehen, Tote stehen auf, Armen wird eine freudige Nachricht vermittelt: All diese Aussagen, die Jesus aus dem Propheten Jesaja als sein Lebensprogramm aufgenommen hat, erhalten durch seine Auferstehung eine kosmische Dimension und Realität. Alle Menschen aller Zeiten und aller Welten werden verwandelt werden und sind für das Neue Leben bestimmt, für den Anteil am Leben von Jesus Christus (vgl.1 Kor 15,28). Ein neues Jerusalem, eine neue Wohnstätte der Menschen, wird von Gott geschenkt werden. Er wird in aller Offenheit unter ihnen wohnen. „Er wird alle Tränen von ihren Augen abwischen: Der Tod wird nicht mehr sein, keine Trauer, keine Klage, keine Mühsal. Denn was früher war, ist vergangen. Er, der auf dem Throne sitzt, spricht: „Seht, ich mache alles neu" (Offb 21,4f).

Der Leistungs-Verdienst-Mensch, der sich einschränkt auf das, was er fassen und greifen, berechnen und selber machen kann: Er kommt mit der Osterbotschaft nicht zurecht. Er sagt: Ich glaube nur, was ich sehe, und er sitzt abends vor seinem Fernseher und sieht dort, was er glaubt. Seine Fassungskraft beschränkt er, weil er sich nur auf seinesgleichen eingerichtet hat. Er hat Ohren und hört doch nicht, Augen und sieht doch nicht. Er hört nicht, welchen Sinn das Leben letzten Endes hat, und sieht nicht, daß alle Dinge dieser Welt wie Symbole sind, gefüllt mit einer großen Verheißung. Er kann es sich nicht vorstellen, daß Gott ihn in dieser und durch diese Welt einlädt zu sich selbst. Zu recht nicht. Es ist unvorstellbar, bei Gott zu sein; unvorstellbar groß und schön. Auch die Raupe kann sich nicht vorstellen, daß sie nach dem Verpuppungsleben ein Schmetterling sein wird. Ihre Vorstellungsmöglichkeiten sind auf das Kriechen begrenzt und reichen für die Erfahrung des Fliegens in der Frühlingssonne nicht aus. Auch unsere Vorstellungen reichen nicht aus; sie werden immer ungemäß und unzureichend bleiben. „Kein Auge hat gesehen und kein Ohr hat es gehört und in keines Menschen Herz ist es gedrungen, was Gott denen bereitet hat, die ihn lieben“ (1 Kor 2,9).

4. Das Fest der Unwahrscheinlichkeit

So feiern wir an Ostern das Fest der Unwahrscheinlichkeit. Der Mensch, dessen tödlich verlaufendes Leben wie eine nach oben offene Parabel ausschaut, erhält von „oben her“ jene Vollendung, die seinen ausgestreckten Armen beim Versinken im Tod Geborgenheit und seinem ganzen Leben Sinn gibt. Ostern ist das Fest der Hoffnung, die unser ganzes Leben zusammenfaßt und in einen unendlich neuen Entwurf einbringt. Vom Ende her entwirft sich alles neu. Die Sehnsucht nach Unendlichkeit, die in unserer unsterblichen Seele angelegt ist, erhält Antwort:
Unsere Hoffnung, daß dieses Leben in keinem Vergleich steht zu der Herrlichkeit, die an uns offenbar werden wird, ist im Tod und in der Auferstehung von Jesus Christus begründet.

Unsere Hoffnung, daß alle, die vor uns geglaubt haben, in Jesu Zukunft eingegangen sind, nicht in ein Zunichtewerden, sondern in die Geborgenheit bei Gott, diese Hoffnung ist in Jesus Christus und seiner Auferstehung begründet.
Unsere Hoffnung, daß das Recht all derer, die auf Erden nicht Recht bekommen haben, vor Gott eingelöst wird, ist einzig begründet in der Auferstehung Jesu Christi.
Unsere Hoffnung, daß hundertfältige Frucht bringt, wer sich als Weizenkorn in die Ackerfurche der Liebe säen läßt, wie Franz von Assisi und Mutter Teresa, wie Mahatma Gandhi und Gertrud Luckner, wie Maksyimilian Kolbe u.v.a. diese Hoffnung ist begründet in der Auferstehung von Jesus Christus.
Die Hoffnung, daß wir als Gemeinde der Glaubenden, mit dem Lebensstil Jesu, mit dem Festhalten an seinem Vermächtnis „aus dem Tod in das Leben hinübergegangen sind, weil wir die Brüder (und Schwestern) lieben" (1 Joh 3,14) und zur Neuen Schöpfung gehören, diese Hoffnung ist einzig begründet in der Auferstehung von Jesus Christus.

Die Neue Schöpfung

Ich mache alles neu
sagst DU.
Es ist Zeit.
Alles ist alt geworden.
Der Granit und die Sternsysteme.
Die Reserven gehen zu Ende.
Die Menschenrasse ist zu alt.
Zu lange schon gibt es Zerstörung,
Haß und Mord.

Zögerst DU noch?
Es ist alles alt genug.
Die Sehnsucht und die Phantasie
sind schon lange eingesperrt.
Wunder dringen nicht mehr durch.
Wie Lava liegt die Verkrustung
des kultivierten Egoismus über den Kulturen.
Nichts geht mehr. – Es ist soweit.

Die Auferstehung ist alt.
Die Ohren sind wund von der Predigt.
Hören stirbt aus
und der Glaube findet Ersatz
im Gerede.

Verflüssige Deine Welt,
Schmilz sie ein!
Laß das lautere Metall
der Neuen Stadt
aus der alten Schlacke fließen.

Ich mache alles neu,
sagst DU
und das bleibt unsere einzige Hoffnung.

(Aus unseren Texten : „Anstiftungen. Ein Hoffnungsbuch", Herder Freiburg, 7.Aufl. 1990)

VI. „Aufgefahren in den Himmel, er sitzt zur Rechten Gottes, des allmächtigen Vaters“

Interessiert uns Christi Himmelfahrt? Da wir alle wissen, daß es sich nicht um eine raketenhafte körperliche Auffahrt handelt: Was stellen wir uns vor? Was hat das Fest mit unserem Leben zu tun? Wie berühren uns die Erfahrungen der Jünger Jesu, die ihn persönlich gekannt hatten und für die von der Himmelfahrt Jesu an die Erscheinungen ausblieben? Versuchen wir die Annäherung an das Geheimnis dieses Festes unter drei Stichworten: Der Abschied, das Aufblühen der Erinnerung, die Heimkehr in die Endgültigkeit.

1. Der Abschied

Da hast du einen Menschen gekannt über Jahre, vielleicht über Jahrzehnte, Freundschaft hat euch verbunden, eine lange Geschichte mit vielen Erlebnissen und Gesprächen. Mit seinem Tod verlierst du ein Stück deines Lebens und einen Teil deiner eigenen Lebenszeit. Wenn du am Tag der Beerdigung nach Hause gehst, fühlst du Leere, Trauer und Heimweh. – Es gibt auch einen anderen Vergleich, der besonders für junge Menschen gilt: Da hast du einen Menschen kennengelernt, bei dem du die Erfahrung machen konntest, er bzw. sie versteht mich zutiefst. Eine Freundschaft entstand, wie es zuvor keine gab. Und wenn die äußeren Lebensumstände zur Trennung, zum Ende der Beziehung führen, wenn es zum Abschied auf längere Zeit oder für immer kommt, dann entsteht ein Gefühl der Leere, des Heimwehs, der Trauer.
So ging es den Freunden Jesu. Wenn wir dem irdischen Jesus von Nazaret begegnet wären, dann

hätte auch uns seine Gestalt fasziniert. Wir wären von seiner Predigt mitgerissen worden. Wir hätten die Intensität seiner Persönlichkeit erfahren, die Lebenswärme seiner Zuwendung zu den Schwachen und Bedürftigen, die Heftigkeit seiner Abrechnung mit dem Bösen und mit der Leichtfertigkeit unter seinen Zeitgenossen. Wir hätten mitbekommen, auf welch schmalem Grat sich sein Lebenslauf bewegte, weil er durch seine provozierenden Forderungen nach Gerechtigkeit und Barmherzigkeit, nach Friedensliebe und Machtdistanz den politischen Machtträgern auffiel. Wir hätten uns geängstigt, wenn wir den Schrecken seiner öffentlichen Hinrichtung erlebt hätten. Wären auch wir Emmaus-Wanderer geworden, die sich auf und davon machen, aus Leere, Trauer und Heimweh?
Was heißt da *wäre*. Im Umgang mit der lebendigen Darstellung seines Lebens in den heiligen Schriften, im täglichen Übersetzen seines Wortes ins eigene Leben, in der Ausformung eines Lebens über Jahre und Jahrzehnte ist Jesus bis in die heutige Zeit noch immer die lebendige und vertraute Gestalt unter Christinnen und Christen geblieben, gerade für uns. Wie dies möglich ist, hat mit der Himmelfahrt zu tun, denn sein Abschied vom bisherigen Umgang mit seinen irdischen Freunden war zugleich der Beginn einer ganz anderen und neuen Weise seiner Gegenwart.

2. Erinnerung blüht auf

So seltsam es klingt: Der Tod gehört zum Ganzen eines menschlichen Lebens, zur Geschichte einer Persönlichkeit. Der Tod Jesu ist der Augenblick, in dem sein Leben als fertiges, vollendetes, nicht mehr veränderbares Ganzes vor seinen Freunden und vor allen künftigen Menschen steht. Jetzt erst beginnt ihnen langsam zu dämmern, wer der war, der unter ihnen lebte. Jetzt erst beginnen sie zu verstehen, was er sagte: „Wenn ich erhöht sein werde, werde ich alles an mich ziehen." Was er meinte: „Noch vieles habe ich euch zu sagen, aber ihr könnt es jetzt nicht tragen. Wenn aber jener kommt, der Geist der Wahrheit, wird er euch in die ganze Wahrheit führen" (Joh 16,12f). Und an anderer Stelle: „Es ist gut für euch, wenn ich weggehe. Denn, wenn ich nicht fortgehe, wird der Beistand nicht zu euch kommen; gehe ich aber, so werde ich ihn zu euch senden" (Joh 16,7).

Indem sie Abstand von ihm gewinnen, weil er nicht mehr unter ihnen ist, geht den Jüngern langsam auf, wer Jesus gewesen ist, welche Bedeutung seine Botschaft hat, welche Tragweite in seinen wunderbaren Handlungen steckte. Tatsächlich beginnt seine Anziehungskraft in dem Augenblick zu wirken, in dem er ihnen als der Lebendige, der Auferstandene aufgeht. Diese Wirkung hat seit den Tagen der Jünger und Jüngerinnen Jesu eine lange, lange Geschichte. Welche Bedeutung Jesus hatte und hat, ist noch immer nicht voll im Bewußtsein der Menschheit aufgegangen. Er ist alles andere als tot. Er ist der Erste geworden, der Sinn und Ziel dieses Lebens gerade dort aufzuzeigen und zu realisieren vermochte, wo es für uns sinnlos und am Ende ist: im Tod. Haben wir im Osterfest die Vorderseite dieses seines Todes als Auferstehung gefeiert, so feiern wir jetzt an Himmelfahrt die Innenperspektive, den Blick von der Innenseite seines neuen Lebensbereiches. Denn der im Tod Lebende kehrt als Auferstandener in den Lebensbereich Gottes, seines Vaters zurück. Er sitzt zur Rechten des Vaters.

3. Die Heimkehr in die Endgültigkeit

Mit dem Tod Jesu, mit seinem Hinübergang (= Pas-cha) durch die Todespforte hindurch, eröffnet er als Gottessohn und als erster aller Menschen einen neuen Bereich, den Bereich der ewigen Lebensmöglichkeit. Gemeint ist der Be-Reich Gottes, oder wie wir sagen, das Reich Gottes. Himmel-fahrt Jesu Christi ist damit in der Tat das Erfahren des Bereiches Gottes, die Heimkehr als „letzte Fahrt" aus dem Tod heraus. Damit ist der Mensch angekommen für immer. Dann gibt es keine Abschiede mehr, kein Leid, keinen Schmerz. „Er wird alle Tränen von ihren Augen abwischen: der Tod wird nicht mehr sein, keine Trauer, keine Klage, keine Mühsal. ... Er, der auf dem Throne saß, sprach: Seht, ich mache alles neu... Ich bin das Alpha und das Omega, der Anfang und das Ende" (Offb 21,4-6).
Das ungeheuer intensive Leben Jesu, dem schon in der frühesten Kindheit tödliche Verfolgung und Flucht nach Ägypten nachgesagt wird, das alle Konventionen hinter sich ließ, weil er die Hand an den Pflug legte und nicht zurückschaute, weil er die Toten ihre Toten begraben ließ, weil er anders als die Füchse in ihren Höhlen und die Vögel in ihren Nestern keinen Ort hatte, wo er Heimat gefunden hätte, – dieses intensive Leben, dem offenkundig auch keine Freunde beschieden waren, die ihn letzten Endes verstanden hätten, statt zu schlafen in der dunkelsten Ölbergstunde seiner Existenz: Dieses Leben Jesu ist nun durch Tod und Auferstehung in die Entzogenheit Gottes heimgekehrt. Angekommen! Mit seinem Vater, der ihm den Glanz der Verherrlichung gewährte, lebt er in der Unsichtbarkeit, im unzugänglichen Lichte, in der geheimnisvollen Entzogenheit uns gegenüber.

Dort aber ist er angekommen, um für uns Wohnungen zu bereiten, damit auch wir sein können, wo er ist (Joh 14,2f). Er hat den prinzipiellen Durchbruch einer Veränderung der Menschheitsgeschichte geschaffen. Um es in einem Bild zu sagen: Wenn ein Stollen als Tunnel durch einen Berg hindurchgetrieben wird, damit eines Tages die Bahnschienen oder die Autobahntrasse darin verlegt werden können, so ist der spannende Moment der, an dem die beiden Mannschaften, die sich von zwei Seiten kommend in das Berginnere vorgearbeitet hatten, tatsächlich am vorgeplanten Punkt zusammenstoßen. Dann ist der Durchbruch gelungen und der Tunnel praktisch geschaffen. Alles andere ist eine Frage der Zeit, des Ausbaus, der Wirkungsgeschichte. Leiden, Tod, Auferstehung und Himmelfahrt Jesu Christi haben die Öffnung und Eröffnung jenes ewigen Lebensbereiches geschaffen, ohne den unser Leben in der sinnlosen Vergänglichkeit versinkt, die uns durch den Tod endgültig einholen würde. Darum ist das Fest der „Himmelfahrt" Jesu Christi die Vollendung seines Erlöserwirkens, seiner Befreiungsdynamik, seiner Heilssorge um uns Menschen.

4. Leben im unendlichen Jetzt

Das also ist uns am Tod und an der Auferwekkung und Himmelfahrt Jesu Christi aufgegangen: daß nicht nur unser Leben in Gottes Hand ist, sondern auch unser Tod und unsere Toten in Gottes Hand sind. Wäre uns das nicht nur ein dürrer Gedanke, eine Nachricht, wie man sie in der Zeitung liest, gewöhnlich weil gewohnt, sondern faszinierende Wirklichkeit, dann würde eine unbegreifliche Ruhe und ein unerklärliches Geborgenheitsgefühl alle Anstrengungen unseres Lebens umgeben. „Euer Herz erschrecke nicht und verzage nicht. In meines Vaters Haus sind viele Wohnungen“ (Joh 14,1). Er ist uns vorausgegangen, um uns eine Stätte zu bereiten, damit auch wir, und zwar für immer, dort sein können, wo er ist.

Von dort her fällt ein Licht auf unser Leben, das es in eine völlig neue Beleuchtung bringt. Wie im Leben Jesu, so werden auch in unserem Leben dann alle Ereignisse und Augenblicke aufgesammelt in jenen letzten Augenblick, der bleibt; in jenen Augenblick, in dem der Film unseres Lebens stehen bleibt, in dem alles Aufgesammelte aufbewahrt wird, denn Gott ist die Wahrheit und in ihm geht nichts verloren. Alle Mühe, alle Sehnsucht, alle Erlebnisse, alle Versuche, das Gute zu tun und sich der barmherzigen Zuneigung Gottes zu öffnen. All dies wird zum Jetzt und bleibt.

Versuchen wir es noch einmal mit einem Bild: Es ist mit dem Tod wie mit einem Kind, das sich im Spiel vergißt. Geistesabwesend, versunken bleibt die Zeit für es stehen. Alles ist verschwunden, und nur dieser eine Augenblick ist. Er dauert und besteht aus Glück, Konzentration, Wonne. Es ist ein Augenblick im Meer der Zeit. Es ist eine Ewigkeit innerhalb von Sekunden. Es ist eine Unendlichkeit inmitten dieser Zeit, an der die anderen drum herum vorbeihasten und vorbeileben. Das ist ein Augenblick des grenzenlosen Versunkenseins, des Friedens. Die Entrücktheit selbstvergessen spielender Kinder ist ein Bild für den Tod, der uns entrückt in den Bereich ohne Zeit und ohne Leid, in den Bereich Gottes, in das Reich Gottes. So ist unsere eigene Himmelfahrt, in der wir Jesus nachsterben, nachauferstehen und in die Entrücktheit des Vaters nachfolgen dürfen.

VII. „Von dort wird er kommen, zu richten die Lebenden und die Toten“

Wir betrachten diese Aussage unseres Glaubens, indem wir überlegen, was wir als einzelne Menschen sind, indem wir sodann zu Gott aufschauen, der sich uns zuneigt und indem wir schließlich fragen, welche Chance wir vor Gott haben.

1. Die Gestaltung unseres je persönlichen Lebens

Jeder Mensch ist, je älter desto mehr, Geschöpf seiner selbst, Ergebnis seiner eigenen Lebensgestaltung. Zwar, so wissen wir alle, haben wir unsere biologische Ausstattung mitbekommen von klein auf, und sie wirkt sich auf unser ganzes Leben hin aus. Zudem sind wir Menschen, die von andern erzogen worden sind und vielerlei Milieueinflüssen unterliegen. Darüber hinaus gibt es vielerlei Schicksalsschläge, die wir uns nicht selbst bereiten.
In vielerlei Hinsicht sind wir also bei unseren Entscheidungen eingeschränkt. Dennoch ist es so: Die Entscheidungen in unserem Leben fällen wir selbst. Von unseren Entscheidungen hängt viel und in wachsendem Maße immer mehr in unserem Leben ab. Welche persönlichen Beziehungen wir eingehen, welchen Umgang mit unseren finanziellen Mitteln wir pflegen, wie wir unseren Beruf ausüben: das bestimmen wir selbst. Sogar unsere Lebensgewohnheiten bauen wir selber auf, und wir können sie verändern. Zu all diesen Entscheidungen tragen wir in uns eine eigene Verantwortungs-Instanz, die uns ständig

begleitet, berät und unter Umständen heftig fordert. Wie sie funktioniert, erkennen wir z.B., wenn wir das Wort *Ver-Antwortung* auseinandernehmen. Dann ist das *Wort* die Wurzel: das Angebot von außen oder die Wünsche von innen, die Möglichkeiten, die sich uns bieten und die wir suchen. Die *Antwort* geben wir durch unsere Entscheidung und durch unser Handeln. Dabei mischt sich bei uns Menschen eine grundlegende Unterscheidung ein, ein Maßstab, der uns immer wieder veranlaßt, unsere Handlungen daran zu messen: Du sollst das Gute tun; du sollst das Böse lassen.

Die Rede ist vom Gewissen. Wie zum Menschsein die Fähigkeit gehört, sprechen zu lernen oder logisch denken zu können, so auch die Grundausstattung, verantwortlich zu handeln. Zuerst erlernen wir die Maßstäbe oder Werte von unseren Eltern. Wenn wir Glück haben, lehren sie uns die Gebote Gottes. Später als junger Erwachsener überprüft der Mensch vor seiner Vernunft, welchen Wertmaßstäben er folgt. Aber immer kann er den Imperativ in sich vernehmen, das zu tun, was er als gut erkannt hat. – Jeder Mensch hört dies im Innersten und soll darauf reagieren. Und wenn wir in der Tat das Gute nicht nur denken, sondern wirklich tun, dann wird aus diesem Schritt auf dem Weg, den wir dahingehend bahnen, in der Weise, wie wir unsere Pflicht tun, deutlicher werden, was wir als nächsten Schritt tun sollen. Und so ergeben sich als Antwort auf die Anforderung, das Gute zu tun, viele Schritte. Es wird daraus unser Weg, unser Lebensweg.

Matthias Claudius schrieb vor zweihundert Jahren in seinem Testament an seinen Sohn Johannes: „Inwendig in uns wohnt der Richter, an dessen Stimme uns mehr gelegen ist als an dem Beifall der ganzen Welt und der Weisheit der Griechen und Ägypter.... Er spricht anfangs nur leise.... Doch wenn du seine Unschuld ehrst, ... wird er dir vernehmlicher sprechen." Und vor hundert Jahren sagte John Henry Newman: „Das Gewissen ist in uns der Statthalter von Jesus Christus, ein Monarch in seiner Bestimmtheit, ein Prophet in seinen Mahnungen, ein Priester in seinem Segnen und Verwünschen."

So tragen wir gewissermaßen die Kompaßnadel zu Gott und zum Reich Gottes in uns: unser Gewissen. Wer sich in seinem Leben nach seinem Gewissen richtet, hört auf den, der es ihm gegeben hat. Wer gewissenhaft lebt, von dem kann man durchaus sagen: Er/ sie glaubt an Gott. Jesus hat es so gesagt: „Wer glaubt, wird nicht gerichtet, wer nicht glaubt, ist schon gerichtet", weil wir das Gericht in uns selbst tragen. Gottes Gericht, das über unser Leben stattfindet, wird vor allem darin bestehen, daß wir die Kraft bekommen, den Mut, uns selbst auf unserem Lebensweg unter dem Maßstab der (Ewigen) Wahrheit anzuschauen (Joh. 14,6). Und je mehr wir dies schon in diesem Leben tun, umso mehr haben wir dieses Gericht vorweggenommen. Und je mehr wir aus dem Glauben unser Leben gestalten, desto deutlicher wird unser Bedürfnis nach der Vergebung Gottes.

2. Wir schauen auf Gott, der Richter ist und unser Heil will

Gott ist nicht so, wie unser Gewissen ihn uns malt: Ein strenger Richter, der erbarmungslos das Gute will und das Böse verdammt. Das ist die durchaus verständliche Logik der Schöpfungsordnung, die wir bezeichnenderweise gern in Anspruch nehmen, wenn es um die Beurteilung von Untaten anderer Menschen geht. Nein, in Gott, zur Rechten des Vaters, sitzt ein Mensch. Gott ist ein durch Folter und gewaltsamen Tod hindurchgegangener Mensch in seinem Sohn. Unser Verständnis von Gott, so wie wir das von Jesus gelernt haben, erkennt Gott als einen menschennahen Gott. „Das Wort ist Fleisch geworden und hat unter uns gewohnt, und wir haben seine Herrlichkeit gesehen, die Herrlichkeit des Eingeborenen voll der Gnade und Wahrheit" (Joh 1,14).

Hätte Gott nicht ein leidenschaftliches Interesse an uns, wäre die Menschheitsgeschichte schon lange zum Scheitern verurteilt. In der rein evolutiven Ordnung der Schöpfung wird uns das gerade aus dem zurückliegenden Jahrhundert und Jahrtausend eindringlich bewiesen. Darum setzen glaubende Menschen allein auf den Heilswillen, die Zu-Neigung, das leidenschaftliche Interesse Gottes an diesem Schöpfungsprodukt Mensch auf diesem planetarischen Winzling Erde. Biblisch gesprochen: An jenem Abend, bevor Pilatus den Stab über ihn brechen würde, betete Jesus: „Vater, die Stunde ist gekommen. Verherrliche deinen Sohn" (Joh 17). Zeig deinen Sohn als den Abglanz von dir, damit er den Glanz deiner Herrlichkeit den Menschen eröffne. Durch Leiden und Kreuz ist er zur Herrlichkeit der Auferstehung gelangt und hat uns damit den Weg menschlichen Daseins gedeutet und als (immer) neue Chance eröffnet. Er ist der „getreue Zeuge", er ist der Urmärtyrer (vom Vater her). Er ist somit Gott in einer Weise, die sich Menschen nie vorher ausgedacht hatten. Seine Herrschaft als „König" ist eigentlich eine Gegenmonarchie; seine Herrschaft ist Dienst, seine Gabe ist Hingabe. Er, Jesus, gibt mit sich die Schöpfung an den Vater dadurch, daß er die Gewaltsamkeit der Menschen an sich erduldet, auf sich nimmt und durchträgt. Nicht nur bis zum bitteren Ende, sondern durch dieses bittere Ende hindurch in die Auferstehung und Herrlichkeit des Vaters. „Durch Ihn und mit Ihm und in Ihm ist dir, Gott, allmächtiger Vater, in der Einheit des Heiligen Geistes alle Herrlichkeit und Ehre ..." Der große Lobpreis (Doxologie) in der Eucharistiefeier ist (auch) Dank für die Initiative Gottes zu unserem Heil angesichts des Gerichtes, das wir verdient hätten.

3. Wir fragen, wie wir uns auf Gott hin verhalten sollen

Reich-Gottes-Bürger werden wir, indem wir diesen Maßstab, den Gott selbst in seinem Sohn, dem Urmärtyrer der Menschheit, auf sich genommen hat, in unserem Leben übernehmen. Und der lautet: Indem ihr euch um Speise und Trank, Obdach und Kleidung, Gesundheit und Freiheit für eure Mitmenschen sorgt, erreicht ihr den Sinn und das Ziel eures Lebens: euren Gott (Vgl. Mt 25, 31ff). Der durch Martyrium hindurchgegangene Gottessohn fragt uns als einzelne nicht, wie erfolgreich wir in den Unternehmungen unseres alltäglichen Lebens waren, sondern welche Rolle Wahrhaftigkeit, Gerechtigkeit, Barmherzigkeit, Selbstbeherrschung in unserem Leben spielten. Er fragt nicht, wie *groß* die Spenden waren, die wir gegeben haben, sondern *mit welcher Bemühung* und welchem Einsatz wir uns um die gekümmert haben, die in Not sind und solche Spenden brauchen.

Er weiß auch, was Scheitern heißt; denn nach menschlichen Maßstäben ist seine Mission an uns Menschen zumindest damals gescheitert. Und wenn wir scheitern in dem, woran uns liegt, dann ist er an unserer Seite, dann können wir auf ihn vertrauen. Dann können wir unseren Platz unter seinem Kreuz beanspruchen. Dann sind wir gerettet. „Wer glaubt, wird nicht gerichtet" (Joh 3,18).

Die Orientierung an der Stimme unserer Verantwortungsinstanz, unseres Gewissens, führt zur Gottesnähe. Aber Gottesnähe ist auch die Stimme dessen, der die Kinder in die Arme genommen hat und der den Menschen, da sie Hunger hatten, Brot vermehrt austeilte, bis es für alle reichte und noch überreichlich übrig war. Wir hören auf seine Stimme, wenn wir uns solchen Rufen unter unseren Mitmenschen öffnen.

Gottes Stimme ist diejenige, die den Menschen Vergebung zugesprochen hat und die Vergebung zur Wurzel ihres Heils und ihrer Heilung gemacht hat, ihrer Gesundheit. Wenn wir Gott so verstehen dürfen als den Sohn, der auf uns zukommt und uns in sein Reich ruft, dann müssen wir, meine ich, sagen: Sein Heil hat sich in der Welt nicht durchgesetzt, jedenfalls noch nicht. Die Welt als Menschheitsgeschichte ist nach wie vor (Christus) voller Blut und Tränen wie eh und je. Die Macht des Todes ist auch nach der Auferstehung zu deutlich; das Schicksal der Menschen, der Einzelnen und der Völker bleibt voll dunkler Rätsel.

Der Glaube an den, „der kommen wird", Gerechtigkeit über der Menschheitsgeschichte aufzurichten, trägt nicht nur Befürchtung angesichts des eigenen Versagthabens in sich, besser Ehrfurcht vor der Begegnung mit dem alles erschließenden Geheimnis des Ichbinda. Dieser Glaube besagt auch für das Jetzt: Erst im nachhinein wird der Tod keine Macht mehr über uns haben, erst im nachhinein wird das Leben gelungen sein, werden wir die Spuren der Fügung und Zuneigung Gottes deuten können. „Jetzt schauen wir wie in einen Spiegel und sehen nur rätselhafte Umrisse, dann aber schauen wir von Angesicht zu Angesicht“ (1 Kor 13,12). Das ist unser Glaube. Darauf warten wir; und wenn wir so einander annehmen und uns umeinander sorgen und kümmern, werden wir das Wort hören: „Kommt her, die ihr von meinem Vater gesegnet seid, nehmt das Reich in Besitz, das für euch vom Anfang der Schöpfung an bestimmt war“ (Mt 25).

VIII. „Ich glaube an den Heiligen Geist“

Jesus, der Auferstandene, hat den Heiligen Geist den Seinen auf eine ganz neue Weise zugesprochen. Er hauchte sie an und sagte: „Empfangt den Heiligen Geist...“ (Joh 20). Das erinnert an die ersten Seiten der Bibel, wo es heißt, daß Gott den aus Erde geschaffenen leblosen Menschen, den Mann von der *adamah*, den Adam, angehaucht habe. Geist vom Geist Gottes wird dem Menschen zuteil in seiner Schöpfung, Geist vom Geist Jesu Christi wird ihm zuteil am Pfingsttag, dem Tag der Vollendung des Osterfestes.

1. Sich auf Gottes Geist einlassen

Gewiß, wir sind getauft und gefirmt, Gottes Geist hat uns zu Menschen der Neuen Schöpfung neu geboren. Er ist uns nahegekommen. Aber lassen wir ihn in unser Leben eingreifen? Wie lassen wir uns auf den Heiligen Geist ein? – Wenn Sie ein wenig darüber nachdenken, wie es Ihnen gerade geht, was Sie umtreibt, welche Sorgen, Ängste, Befürchtungen, welche Schwierigkeiten; wenn Sie sich all das vergegenwärtigen, um das alles loszulassen, dann entsteht eine Leere. Und das ist eine wunderbare Sache! Bei seiner Bischofsweihe sagte der selige Bischof Klaus Hemmerle von Aachen etwa folgende erstaunliche Worte: „..Und so bitte ich Gott um ein leeres Herz. Ich bitte Gott um ein leeres Herz für Euch. Ich bitte ihn, daß ich nichts werde, damit Gott alles werden kann durch mich für Euch, die Kirche von Aachen.“ Das ist ein wunderbares Modell für uns Christinnen und Christen, vor Gott zu treten und uns leerzumachen von uns selbst, damit wir

Platz haben in uns für ihn. Wenn er uns erfüllt, erfahren wir, was möglich ist und was an der Zeit ist für uns selbst, für unsere Mitmenschen, für die Kirche in der Gesellschaft. Wenn er uns erfüllt, geht uns auf, wozu wir da sind. – Also: Wie können wir den Geist Gottes empfangen? Dadurch daß wir riskieren, uns loszulassen, von uns selbst frei zu werden, unsere eigenen Wünsche zurückzustellen, ihm zu vertrauen, damit er uns führen kann. Und er „läßt uns nicht allein" (vgl. Joh 8,29), sondern macht uns zu einem „Werkzeug" der Verständigung und der Gemeinschaft mit Gott und mit den Menschen untereinander.

2. Gottes Geist zur universalen Weitung des Horizonts

Nur so erhalten wir Menschen die *Weite des Horizontes Gottes*, der uns in dieser Gabe des Heiligen Geistes aufgeht. Die Werktagswelt ist für die Sehnsucht unseres Herzens zu klein. Augustinus († 430) hat es so formuliert: „Du hast uns auf dich hin erschaffen, Gott. Darum ist unser Herz voll Unruhe, bis es Ruhe findet in dir" (Confessiones 1). Wir sind nicht nur geschaffen für die Beziehungen in Familie und Beruf, zur Bewältigung wirtschaftlicher Sorgen, für Arbeit und Feste, Liebe und Tod. Aber alle diese Orte und Situationen können Ausgangspunkte für das Wirken des Geistes Gottes in unserem Leben sein. War nicht die winzige Provinz des Galil (Galiläa) für den Nazarener Jesus der Ort des Aufbruchs für seine explosive universale Sendung? Hat er nicht, vom Geist des Vaters als seinem eigenen Geist angetrieben, in seinen Abschiedsworten an die Jünger den weiten Horizont der Verantwortung im Weltformat auf-

gerissen? „Ihr werdet meine Zeugen sein in Jerusalem und in ganz Judäa und Samarien und bis an die Grenzen der Erde" (Apg 1,8). Jesu Zuspruch und Anspruch spiegelt den göttlichen Horizont des Schöpfers dieser Welt. Die Vertrautheit mit allen Menschen und allen Dingen, das ist die Weise, in der Gott denkt und handelt und fühlt, wenn wir das menschlich so ausdrükken dürfen.
Im Buch der Weisheit lesen wir: „Der Geist des Herrn erfüllt den Erdkreis, der das All zusammenhält, kennt jeden Laut" (Weish 1,7). Diesen Horizont des Weltalls gewinnen wir, wenn wir uns dem Geist Gottes, der für uns in Jesus Christus verkörpert ist, unserseits erschließen und ihn in unser Leben einlassen. Da wird jede Parteilichkeit kleinkariert außer der Parteinahme für Gerechtigkeit. Da wird jedes „In-Gruppen-Verhalten" selbst unter religiösen Gruppierungen zu eng. Da wird jede ethnische Absonderung, jedes nationalistische Gefühl gesprengt, aufgeweitet auf das Lebensrecht für alle Menschen. Da wird das Verhalten des „Vaters im Himmel" zum Maßstab, der „seine Sonne aufgehen läßt über Bösen und Guten und der regnen läßt über Gerechte und Ungerechte" (Mt. 5,45). Der Gottesglaube, den Jesus gestiftet hat, atmet einerseits die Weite dieses Universums und anderseits die Nähe des sorgsamen Spielraums von Person zu Person.

3. Am Pfingstfest geht uns Gott durch den Heiligen Geist elementar auf

Damals bei Mose, als das Feuer vom Himmel fiel in jenen Dornbusch, der brannte, aber nicht verbrannte, und Gott aus dem Feuer zu Mose sprach, hat er sich im Element des Feuers als der befrei-

ende Gott Israels kundgetan, der es zum Aufbruch in die Freiheit rief (Ex 3, 1-14).
So ist er auch den Aposteln Jesu Christi erschienen: Im Feuer, das aus dem Himmel flutet und sich in Feuerzungen auf jeden einzelnen und jede einzelne unter den Jüngerinnen und Jüngern niederließ, um sie mit dem furchtlosen Geist Gottes zu erfüllen. So konnten sie aufbrechen, um in der Welt Zeugnis für die Auferstehung Jesu abzulegen (Apg 2).
Haben so nicht auch die Konzilsväter in unserem Jahrhundert erfüllt vom Licht des Heiligen Geistes uns aufgerufen, aus Gewohnheit und Bequemlichkeit aufzubrechen und sich wieder als das pilgernde, wandernde Volk Gottes von dieser seßhaft in dieser Welt eingerichteten Gesellschaft der Menschen zu unterscheiden?
Gott ist den Menschen in seinem göttlichen *Wort* aufgegangen. War die Sprachverwirrung von Babel nicht dort, wo die Menschen versucht haben, mit ihrer Technik den Himmel zu stürmen, im siebten Himmel zu sein? Dort haben sie die gemeinsame Sprache verloren und damit die Möglichkeit der Kommunikation. Im Pfingstgeschehen ist es umgekehrt: Die Menschen aus fast unaussprechlich fremden Ländern, „aus Phrygien und Pamphylien und gegen Cyrene hin" verstehen die Botschaft der Apostel. In dem Geiste, aus dem Jesus verkündet hatte und auferweckt worden war, ist plötzlich über all die vielen Sprachen hin die eine Stimme vernehmbar, die die Sehnsucht nach Gott lehrt. Da begann in dem Geiste, „der vom Vater und vom Sohne ausgeht", eine Einheit, die zwar die Vielheit und Vielfalt nicht auslöscht, aber doch Gemeinsamkeit in aller Vielfältigkeit ermöglicht.
Gott ist den Menschen aufgegangen zur *Freude*: Es ist viel zu wenig bekannt, daß es im Römer-

brief heißt: „Das Reich von Gott ist nicht Essen und Trinken, sondern Gerechtigkeit, Friede und Freude im Heiligen Geiste“ (14,7). Wie sagt Jesus Christus im Johannesevangelium: „Ich habe zu euch geredet, damit meine Freude in euch sei“; – und er fügt als Ziel seiner Rede hinzu: „und damit eure Freude vollkommen werde“ (Joh 15, 11). Die Freude ist eine Frucht des Heiligen Geistes, die wir als Christen bringen dürfen. An ihr soll spürbar, für andere greifbar werden, daß der Heilige Geist das Lebensprinzip der Kirche ist.

4. Das Fest des Heiligen Geist hat begonnen

Der Geist Jesu Christi ermächtigt uns, miteinander Pfingsten zu feiern, in lebendiger Gemeinschaft Schwestern und Brüder zu sein, die „das Wort Gottes hören und danach handeln“ (Lk 8,19). Das ist alles andere als nur eine private, individuelle Sache. Das hat öffentliche Auswirkung auf unsere Gesellschaft. Blicken wir deshalb abschließend auf die Zeit, in der wir leben, um zu sehen, wie wichtig dieser Geist Jesu Christi für uns in dieser Zeit ist. Die Zeitanalyse sagt uns:

Wir leben in einer Gesellschaft, in der die *Individualisierung* um sich gegriffen hat und beispielsweise Single-Haushalte im Vergleich zu den Familien und anderen Lebensgemeinschaften deutlich gestiegen sind. Das ist eine Zeit, in der er und sie es sich als einzelne leisten könnten, sich in ihrem Egoismus einzubunkern. Der Geist der Individualisierung kann dazu führen kann, daß Menschen an *Vereinsamung* zugrunde gehen. Wir leben in einer Gesellschaft, in der alles zum *Erlebnis* und Amusement aufbereitet wird: die Nachrichten mit ihren Katastrophenmeldungen, die Poli-

tik, die Wirtschaft und ihre Produkte, das Privatleben, zum Teil sogar die Liturgie. Wir leben in einer *Genußgesellschaft.* Man möchte alles gesehen, gehört und verkostet haben, das auf der Zunge zergehen lassen, was diese Welt bietet.
Die *Diesseitsgier* bekommt nicht genug. Wir spüren: Sie ist maßlos; die Mittel reichen nicht mehr aus. Wir können nicht mehr bezahlen, wie wir leben. Wir leben auf Kosten anderer, auf Kosten der nächsten Generationen. Angst vor der Notwendigkeit zur Umkehr befällt unsere Zeitgenossen. Die materialistische Erlebnisgesellschaft ist in ihrer ungezügelten Suche nach Selbstverwirklichung, nach Stillung des Lebenshungers, an den Rand der Möglichkeiten von Konsumismus und Genuß gelangt. All das könnten wir im Sinne des (Johannes-) Evangeliums als „den Geist dieser Welt" bezeichnen.
Die Zeit ist gekommen, daß der Heilige Geist uns den Horizont weitet. Es ist an der Zeit, daß der Geist Gottes uns Menschen den Blick für den umfassenden Sinn des Lebens öffnet, auf den hin der Mensch geschaffen ist. „Was nützt es einem Menschen, wenn er die ganze Welt gewinnt, dabei aber sein Leben einbüßt?" (Mt 16,26) Die Angst, sich nicht ausleben zu können, ist unbegründet, wenn man anfängt, sein Herz leer zu machen für die andern; wenn man aus sich herausgeht, um andere Menschen für sich bedeutsam werden zu lassen. Das ist der Weg, auf den Gottes Geist uns führt.
Ist nicht unser Gott aus sich herausgegangen, um einer von uns zu sein? Ist nicht das die Gesinnung und der Geist Jesu Christi? „Er entäußerte sich und wurde ... den Menschen gleich" (Phil 2,5ff).
Der Heilige Geist, „der vom Vater und vom Sohne ausgeht", ist das Band und die Mitte des Drei-Einen Gottes. Machst du dich leer von dir

selbst, um dich von ihm erfüllen zu lassen, so nimmt er dich in die Mitte Gottes. So und nicht anders werden wir die größte Summe unseres Lebens erfahren. Im Römerbrief heißt es: „Die sich *vom Geist führen lassen*, sind (Töchter und) Söhne Gottes. Wir haben ja nicht den Geist der Knechtschaft und Angst bekommen, sondern den Geist der Sohnschaft und Tochterschaft, in dem wir rufen ‚Abba, Vater unser'. Der Geist selbst bezeugt es uns, daß wir Kinder Gottes sind. Sind wir aber seine Kinder, dann sind wir auch seine Erben, Erben Gottes, Miterben Jesu Christi , sofern wir es mit ihm durchleiden, das Leben, und dann auch mit ihm verherrlicht werden" (nach Röm 8, 14-17).

IX. „...die heilige katholische Kirche, die Gemeinschaft der Heiligen ...“

Das Evangelium vom Schiff der Apostel auf dem See (Mk 4,35ff) soll uns Anlaß sein, über den neunten Artikel unseres Glaubens im Apostolischen Glaubensbekenntnis nachzudenken: „Ich glaube an die heilige katholische Kirche, die Gemeinschaft der Heiligen.“

Beginnen wir mit der Klärung eines Mißverständnisses. Manche verstehen die Kirche wie eine Partei, eine Interessengruppe, eine Standesvereinigung, eine Gewerkschaft, einen Verein, aus dem man austreten kann, wenn man ihn satt hat. Und richtig ist daran, daß wir eine sichtbare Vereinigung von vielen Menschen sind. Diese kann allerdings in manchen Situationen auch nur aus ganz wenigen Menschen bestehen. Vielleicht aus einzelnen, einsamen Menschen in der letzten Not ihres Lebens, wie es der Mannheimer Jesuitenpater Alfred Delp in der Todeszelle oder der polnische Priester Maksymilian Kolbe im Todesbunker von Auschwitz erlebten, wo sie zwangsweise je für sich allein Kirche repräsentierten. Kirche kann sich aber auch in der Zusammenkunft einer Gemeinde am Sonntag darstellen, wie wir sie alle kennen. Jedenfalls ist die Kirche kein Zusammenschluß von Vereinsmitgliedern. Vielmehr besteht sie aus Menschen, die berührt worden sind von Jesus Christus in der Taufe, von seinem Heiligen Geist angerührt und zu Geschöpfen der Neuen Schöpfung gemacht, für Zeit und Ewigkeit gezeichnet. Mitunter kommen die so von Gott Berührten und Gezeichneten am Herrentag von weit her zu einer großen Gemeinde zusammen; wie im Freiburger Münster, im Wiener Stephansdom oder im Petersdom in Rom. Würde man sie fragen: „Was bedeutet diese Kirche für euch?" Sie könnten antworten: Sie ist für uns

1. die heilige Kirche,
2. die katholische Kirche,
3. die Gemeinschaft der Heiligen.

1. Die heilige Kirche

Heilig ist an dieser Kirche ihr Ursprung und ihr bleibendes Wesen zuinnerst, auch wenn „auswendig" an ihr vielleicht manches recht unheilig ist. Mit ihrem Ursprung war es so: „Ich aber sage dir: ‚Du bist Petrus, und auf diesen Felsen werde ich meine Kirche bauen, und die Mächte der Unterwelt werden sie nicht überwältigen. Ich werde dir die Schlüssel für das Himmelreich geben'..." (Mt 16,18) So hat es angefangen: „Wo zwei oder drei in meinem Namen beisammen sind, da bin ich mitten unter ihnen" (Mt 18,20). So hat es begonnen: „Tut dies ... zu meinem Gedächtnis" (1 Kor 11,25). „Geht zu allen Völkern, und macht alle Menschen zu meinen Jüngern; tauft sie auf den Namen des Vaters und des Sohnes und des Heiligen Geistes, und lehrt sie alles zu befolgen, was ich euch geboten habe. Seid gewiß: Ich bin bei euch alle Tage bis zum Ende der Welt" (Mt 28, 19f). Auch so hat es begonnen: „Herr, zu wem sollen wir gehen? Du hast Worte des ewigen Lebens. Wir sind zum Glauben gekommen und haben erkannt: Du bist der Heilige Gottes" (Joh 6,68f). Und auch so hat es begonnen: Jesus betet zu seinem Vater: „Alle sollen eins sein, ... damit die Welt glaubt, daß du mich gesandt hast" (Joh 17,21).

Heilig ist sie durch Jesus Christus. Heilig ist sie durch seinen Geist. Heilig, das heißt von Gott her sein: Von seiner Qualität, von seiner Lebens-

weise, seiner Lebenskraft. Heilig ist sie durch das Wort des Evangeliums, das ihr anvertraut ist, durch die Sakramente, die in ihr gespendet werden und deren Autor immer Jesus Christus selber ist.
Heilig ist sie dann auch in zweiter Linie durch die Menschen, die sich heiligen lassen. Und mitunter braucht man den Blick dafür, um sie herauszufinden, wie die stillen unbekannten Bekenner und Bekennerinnen in schlimmen Zeiten, wie Gertrud Luckner oder Lorenz Jägerstätter. Es gibt aber auch solche, deren Namen wie ein Lauffeuer um die Erde gehen, wie etwa Elisabeth von Thüringen, die junge Markgräfin, die schon vor ihrem Tod in den Jahren der Kreuzzüge und jedenfalls danach von vielen als Heilige erkannt wurde oder wie Mutter Teresa von Kalkutta.

2. Die katholische Kirche

„Ich glaube an die heilige katholische Kirche". „Katholisch" aus dem Griechischen kat'holon, d.h. dem Ganzen verpflichtet. Das ist die Kirche in erster Linie durch ihre allumfassende Sendung, die sich auf alle Menschen aller Zeiten bezieht und niemanden ausschließen darf. „Geht in alle Welt, predigt das Evangelium", so heißt es im Markus-Evangelium, „allen Geschöpfen" (Mk 16,15). Manche, so wie z.B. der heilige Franziskus haben es wörtlich verstanden und gekonnt. Das Evangelium allen Geschöpfen spürbar machen: Weil Gott der Schöpfer des Weltalls ist. Weil er in Jesus Christus als Abglanz seiner selbst in unsere Welt gekommen ist. „Der Abglanz des Vaters, Herr der Herrscher alle", wie wir im Weihnachtslied singen (Gotteslob Nr.143). Wenn Gott selbst in diese Welt kommt, um die Schöpfung, „die in Wehen liegt", zu heilen (Röm 8), dann ist niemand davon ausgenommen und nichts davon unbetroffen. Diese Gute Nachricht weiterzusagen und allen auszurichten, ist die Sendung, die der Kirche anvertraut ist. Darum hütet sie sein Wort: „Das Brot, das ich geben werde, ist mein Fleisch für das Leben der Welt" (Joh 6,51). Allumfassend d.h. katholisch ist sie ihrer Sendung nach, aber in gewisser Weise auch tatsächlich durch alle Zeiten und über alle Kontinente geworden. Darum hat die Kirche nie anders gedacht, als daß sie von Anfang an, „von Abraham an", lebt. Er hat den Glauben „erfunden" sozusagen, er ist der „Vater aller Glaubenden": der Juden, der Christen, der Muslime. Und Paulus schreibt in einem der allerersten Briefe, die die Christenheit im ersten Jahrhundert als ihr Zeugnis anerkannte, daß Christus der Zweite Adam ist (Röm 5,18f), um so zu zeigen: Diese Gemeinschaft Gottes mit den Menschen, dieses „Volk Gottes": Es ist zu allen Zeiten anzutreffen, ist allumfassend, alle Menschen von Adam an. – Die großen Glaubenden aller Jahrhunderte, die mit ihrer Phantasie und ihrem Herzblut die Kirche Jesu Christi verbürgt haben, sie sind ihre Fackelträger geworden in der Nachfolge dessen, der sich für alle Menschen und gegen das alle anstekkende Böse hat ans Kreuz schlagen lassen. Allumfassend ist die Kirche also auch, weil das Böse, die Bosheit in all ihren Facetten alle Menschen umfaßt. (Mit Ausnahme Jesu natürlich und – um seinetwillen, also aus Gnade: Maria, die Mutter Gottes).

In ihrem Bestreben, allumfassende Kirche zu sein, hat sie allerdings auch gelegentlich Unrecht getan. Die Missionierungen, sie wurden nicht immer nur aus selbstloser Liebe zu Jesus Christus betrieben, sondern mitunter auch in recht eigennützigem Interesse mancher Machtgruppen innerhalb der Christenheit. Die Ausbreitung etwa bei der Sachsenmission, das zweifelhafte Unternehmen der Kreuzzüge, das Verhalten nach der Rückeroberung Spaniens nach 1492 gegen die Juden und Muslime; die Verquickung mit der Eroberungspraxis von Spaniern und Portugiesen in Südamerika im 16. Jahrhundert, die Hexenverfolgungen der Inquisition, die Einmischung in die Forschungsergebnisse Galileo Galileis u.a.; bis hin zum teilweisen Schweigen bei der Judenausrottung in der Zeit des Nationalsozialismus im Zweiten Weltkrieg. In all diese Vorgängen zeigt sich unsere Kirche bei ihrer Sendung zur Ausbreitung, Durchsetzung und Erhaltung der Offenbarungswahrheit in einer Mischung von selbstlosem Mut für die Sache Jesu Christi und unerleuchteter Gewalttätigkeit in eigensüchtiger Absicht.

3. Die Gemeinschaft der Heiligen

Trotz all dem ist die Kirche auf eine zweifache Weise auch die Gemeinschaft der Heiligen: als Gemeinde der Getauften in dieser Welt und durch ihre Verbundenheit mit den vollendeten Menschen in der Gegenwart (des Reiches) Gottes. In dieser Welt: Nicht als ob wir, die Glieder der Kirche in dieser Welt von uns aus heilige Menschen sein könnten. Aber von Gott werden wir geheiligt. Heilig sein, das ist die „Eigenschaft“ Gottes. Das ist die Qualität seiner Lebenswelt. Darum rufen wir ihm zu: „Heilig, heilig, heilig, Herr, Gott der Scharen, Himmel und Erde sind erfüllt von deiner Herrlichkeit. Hosanna in der Höhe“ (vgl. das Sanctus der Eucharistiefeier und seinen Ursprung in Jes 6). Ersten Anteil erhalten die Christen an dieser Lebensqualität Gottes durch die Taufe. Das Sakrament der Taufe und Firmung ist das reale Angeld, das Pfand, das Gott uns schenkt als Zeichen dafür, daß wir durch dieses Leben in die endgültige Gemeinschaft mit ihm kommen, in die Gemeinschaft der Töchter und Söhne Gottes. Unsere Verwandtschaft wurde von Jesus Christus gestiftet, dem Gottessohn und Menschensohn. Und infolgedessen treffen wir diese geheiligte Kirche als eine Gemeinschaft von „Brüdern und Schwestern in Jesus Christus", vernetzt überall auf dieser Erde. Ob wir im äußersten Südwesten Portugals in das kleine Kirchlein von Cabo di Sao Vicente sonntags morgens zur heiligen Messe gehen oder in St. Malachy's, im Elendsviertel von Nord-Philadelphia in den USA oder in der Dormitio Abtei zu Jerusalem oder in einer Dorfkirche in Kerala in Südindien: Überall werden uns Menschen beim Friedensgruß die Hand entgegenstrecken und uns als Schwestern und Brüder Jesu Christi willkommen heißen, weil sie so wie wir getauft sind und dieser umfassenden Gemeinschaft Jesu Christi angehören auf dieser Erde. So treffen sich geheiligte Menschen, die auf Erden den Weg der Wanderschaft des Volkes Gottes gehen. Deshalb singen wir: „Sein wandernd Volk will leiten der Herr in dieser Zeit" (Gotteslob Nr. 639).

Kirche ist auch die Communio, die Vereinigung mit der Gemeinschaft der vollendeten Heiligen. An sie denken wir zurecht in erster Linie: Maria, die heilige Mutter Jesu, die Mutter Gottes, die heiligen Apostel, auf die der Herr seine Kirche gründete, insbesondere der heilige Petrus, dessen Dienst die Einheit der Christenheit vor allem aufgetragen ist. Und die großen Theologen der Frühzeit: Johannes Chrysostomus, Gregor von Nazianz, Augustinus, Hieronymus; die großen

Armutsapostel des Mittelalters Franz von Assisi, Dominikus, Bonaventura; die großen Mystiker, Hildegard von Bingen, Meister Eckhart, Heinrich Seuse, Teresa von Avila, Johannes vom Kreuz; die großen seligen Persönlichkeiten unseres Jahrhunderts: der heilige Maksymilian Kolbe, die heilige Edith Stein, der selige Pater Rupert Mayer, der selige Bernhard Lichtenberg u.a. Was für eine große Gemeinschaft von ganz verschiedenen und ganz außergewöhnlichen Menschen, die uns vorausgegangen sind und die ein glühendes Interesse daran haben, daß wir ebenfalls solche Heilige werden.

4. Schluß

„Ich glaube an die heilige katholische Kirche, (ich glaube) an die Gemeinschaft der Heiligen." Welch karger, kurzer Satz, der ein so vielfältiges, großes farbiges Leben in sich trägt und der uns eben dieses Bild vor Augen stellt, das wir eingangs betrachteten: Das Schiff des Petrus, winzig und besetzt mit den Aposteln auf dem See Gennesaret, auf dem solche Stürme einbrechen können wie bei uns auf dem Bodensee, daß die Segler in Seenot geraten. Obgleich erfahrene Fischer unter ihnen waren, sind die Apostel beim Seesturm doch bestürzt. So wie heute manche Christen besorgt sind über den gegenwärtigen Zustand und die Zukunft der Kirche. „Herr, kümmert es dich nicht, daß wir zugrunde gehen?" Und er droht dem Wind und dem See: „Schweig, sei still!" Dann wendet er sich um, uns zu, die wir im Boot dieser Kirche sind, im Kirchenschiff oder im Chor der Kirche, und fragt: „Warum habt ihr solche Angst? Habt ihr noch keinen Glauben?"

X. „Ich glaube ... die Vergebung der Sünden“

Der Wortlaut der letzten vier Glaubensartikel des Apostolischen Glaubensbekenntnisses „... Die heilige katholische Kirche, Gemeinschaft der Heiligen, – Vergebung der Sünden, – Auferstehung der Toten und – das ewige Leben“ ist wie die Turmspitze des Freiburger Münsters. Sie ist aus immer weniger Steinen gebaut, je höher sie wird und je näher es der Vollendung des Bauwerks zugeht. So ist es auch mit dem Glaubensbekenntnis: – Die Worte werden karger, gleichwohl kommen wir dabei immer näher an die Vollendung unseres Lebens aus dem Glauben. Im folgenden wollen wir über den zehnten Glaubensartikel nachdenken: „Ich glaube an die Vergebung der Sünden.“

1. Was besagt „Sünde“?

Wenn wir Sünden als geschehene Taten im Rückblick auf unseren Lebensverlauf betrachten, dann sind sie das Zerstörte, das Häßliche, das Versäumte, der Mängelbefund in unserem Leben. Sünde setzt voraus, daß wir als Menschen ein Gewissen haben; daß jeder und jede Einzelne ein Gewissen hat und darin das Maß für seine Freiheit an der Grenze von Gut zu Böse findet. Es ist ganz einfach: Wenn ich hämisch, schadenfroh, giftig, verlogen, gewalttätig ... bin, dann bin ich durchaus imstande, das selbst zu erkennen. Jeder trägt dafür den Kompaß in sich. Haben Sie nicht auch schon die Erfahrung gemacht: Im Nachhinein wird es mir deutlich, daß ich mich dem Zugriff des Bösen geöffnet hatte. Die Lebensfähigkeiten,

die ein jeder von uns hat, sind Fähigkeiten zur Gestaltung seines Lebens von Tag zu Tag. Und alle Fähigkeiten sind an gewisse Regeln gebunden. So ist unser Leben. Das Sprechen ist an die Wahrheit gebunden, der Genuß von Essen und Trinken an das Maß, die Sexualität an die Treue, unser Besitz von Eigentum an soziale Verpflichtung usw. Verletzen wir die Gebrauchsregeln durch Mißachtung des Maßes oder der Beziehungen, dann zerreißen die Zusammenhänge. Dann gerät alles in Unordnung.
Einbrüche des Dämonischen und des Teuflischen bestehen gerade darin, daß wir die Verbindungen zerreißen und eigenmächtig, egoistisch, rücksichtslos, eben auf regelwidrige Weise unser Leben auf Kosten anderer Menschen oder der Schöpfung zu gestalten suchen. Wir zerbrechen die Beziehungen zu Gott und untereinander und leugnen, daß wir (mit) verantwortlich für diese Welt sind, in der wir leben. Die Sünde – sie hinterläßt Scherben, Zerstörung, Ermangelung des Guten dessen, was wir versäumt haben und was unter Umständen nicht mehr gutzumachen ist. So zeichnet sie unseren Lebensverlauf. Unsere Biographie, unser Lebensverlauf trägt diese Spuren des Bösen, des Dämonischen an sich, bei jedem Menschen – ohne Frage.

2. Was bedeutet Vergebung?

Wenn wir sagen „Ich glaube die *Vergebung* der Sünden“, was bedeutet Vergebung auf diesem Hintergrund? Vielleicht fünferlei:

Erstens: Jeder Mensch bemerkt selber den Unterschied zwischen dem, was er schlecht oder böse getan hat, und dem, wie er es hätte gut tun können. Da gibt es treffende Redewendungen in unserer Sprache. Leute sagen: „Wenn ich es noch einmal zu tun hätte, dann würde ich das nicht sagen“ oder „Dann würde ich das nicht tun, nicht mehr so handeln“. Oder sie sagen: „Ich hätte eine Nacht darüber schlafen sollen, um es mir gut zu überlegen“. Und dahinter steckt die Erfahrung, daß man mit mehr Klugheit und Verantwortung den falschen Eifer hätte vermeiden, die verletzende Heftigkeit hätte lassen können. Im Nachhinein fällt es uns jedenfalls auf, wie man ein Problem freundlicher lösen, eine Frage fair beantworten, auf einen Menschen hätte unvoreingenommen zugehen müssen.

Zweitens: Wichtig ist, daß wir es uns überhaupt auffallen lassen. Daß wir uns nicht von vornherein vor uns entschuldigen; daß wir uns nicht selber vergeben, sondern dazu stehen: Ich war zu schwach, ich war ein Schuft, ich war ein Zornigel, ich war eingebildet. Eine Tat aus Einbildung, Arroganz, Hoffahrt ist immer eine fatale Sünde; denn dadurch immunisiere ich mich gegen Belehrungsmöglichkeiten von Gott, von meinem Engel, von meinen Mitmenschen. Wenn ich dann in den Spiegel schaue, sehe ich eine Fratze von mir. *Sich nicht selbst entschuldigen*, das heißt auch: die Schuld nicht weiter-schieben, so wie in der wunderbaren Erzählung, mit der unsere Bibel eingeleitet wird im dritten Kapitel der Genesis (Gen 3,9-15), wo es heißt: Ja, diese Frau, die du mir beigesellt hast, die hat mir diesen Apfel gereicht. Eigentlich bist du selber schuld oder wenigstens sie. Und sie sagt: Na ja, diese Schlange, die da aufgetaucht ist, eines deiner Geschöpfe, sie hat mich dazu verführt. Ich selber wäre nie so. Und die Schlange? Sie kann sich nicht verkriechen. Und der Dichter dieser Bilder, dieser hochbegabte, visionäre, prophetische Kopf, er nimmt das Geschöpf, das auf der Erde kriecht, zum Symbol für die Erniedrigung, die das Böse im Menschen anrichtet. Es ist, als solle der Mensch erkennen, daß er seine Aufgerichtetheit, seinen aufrechten Gang durch die Unaufrichtigkeit aufgibt, um sich auf kriecherische Weise zu gebärden, auf dem Bauch zu kriechen, Staub zu fressen usw. Das ist für eine Schlange artgemäß. Aber als Bildsprache für das Böse, Dämonische wird drastisch deutlich, zu wieviel Schaden an Schöpfung und Geschöpf wir uns als Sünder zu bekennen haben, wenn wir „vor Gott Rechenschaft über (uns) selbst abzulegen haben“ (Röm 14,12).

„Ich glaube die Vergebung der Sünden“ heißt *drittens:* Wenn ich mir nicht selber Ent-Schuldigung geben kann und darf, dann muß ich einstehen und hinstehen für das, was ich getan habe. Ich will mich zuerst (mit seiner Gnade) Gott zukehren, der allein derjenige ist, der über mein zerbrochenes Verhältnis zu ihm, zu mir selbst, zu meinem Mitmenschen, befinden kann. Ich will mich Gott überlassen. Und es kommt diese ganz wunderbare Weise der Zuwendung Gottes ins Spiel, wie sie Jesus zum Ausdruck gebracht hat: „Wenn ich aber mit dem Finger Gottes die Dämonen austreibe, dann ist das Reich Gottes schon zu euch gekommen“ (Lk 11,20). Mit dem „Finger Gottes“ bannt er das Böse in uns und aus uns. – Umkehren können, sich zu Gott hinkehren, darauf warten, daß seine Sonne neu über uns aufgeht und uns heilt, fest in der Verheißung stehen, die Gott selber in seinem Sohn für uns geworden ist: das ist unser Glaube an die Vergebung der Sünden.

Viertens: An die Vergebung der Sünden glauben, ist das Schönste, was es gibt; denn es besagt: Ich bin noch im Werden. Ich bin noch nicht, der/die ich sein werde; noch nicht vollendet. Und niemand um mich herum ist es. Ich bin noch lange nicht fertig. Ich kann und darf und muß noch anders werden. Ich habe noch Chancen. Ich kann meine Leben noch neu schreiben oder doch manches umändern. Kardinal Newman sagt: „Leben heißt, sich verändern. Und vollkommen sein heißt, sich oft geändert haben." Lernfähig sein heißt, noch unterwegs zu sein, noch nicht angekommen zu sein. Umgekehrt: Vollkommen, vollendet, fertig bedeutet, daß eine neue Version meines Lebens nicht mehr möglich ist. Das ist in der Stunde des Todes der Fall. Und selbst dann haben wir als Christen noch eine Hoffnung auf die Läuterung im Fegfeuer. Darum heißt, die Vergebung der Sünden glauben: Nie Grund haben, wirklich zu verzweifeln.

Fünftens: Versöhnte Schuld ist Anlaß, das Zerstörte in meinem Leben, die verbrannten Stellen, die Narben, die man auch dann noch im nachhinein sehen wird, wenn alles verheilt ist, zum Anlaß zu nehmen, um Gott zu danken und ihn zu loben. Nicht nur, daß er mich erschaffen, sondern auch daß er mich trotz all der Irrwege, Fehlentscheide und Schwächen so oft aus der Macht des Bösen herausgeholt hat durch Jesus Christus, seinen Sohn, dem Dank sei in Ewigkeit, durch seinen Engel, der mir zugeredet hat in meinem Gewissen, in stillen Stunden ... Und all das heißt in der Folge: Bescheiden werden; zu einem Menschen werden, der mit seinen natürlichen Kräften so umgeht, wie er sie jetzt im Lichte des barmherzigen und vergebenden Gottes sieht. Geistlich über sich und andere denken, das heißt aus dem Geist Jesu Christi, um den wir beten.

3. Die Kettenreaktion der Versöhnung

So können wir schließlich im Rückblick auf das Ganze sagen: „Die Vergebung der Sünden" glauben heißt mit einer Vision leben. Mit der Vision davon, wie ich werden könnte und wie ich werden soll. Und das hat auch eine Kettenreaktion anderen gegenüber zur Folge. Wie sagt Jesus dort zu jenem eigentümlich unbarmherzigen Knecht, der, nachdem man ihm Zehntausende erlassen hat, hinausgeht und seinen Mitknecht würgen will, der ihm ein paar Hundert schuldet? „Hättest nicht auch du mit deinesgleichen Erbarmen haben müssen?" (vgl. Mt. 18,33). Die Kettenreaktion der Barmherzigkeit ist die logische Folge, die richtige Konsequenz dafür, daß in unserem Leben Vergebung durch die Barmherzigkeit Gottes, die Neuschrift unseres Lebens möglich macht. Diese Vision haben bedeutet Offenheit dafür, daß aus jedem Dunkel, das wir selbst verursacht haben, zwar nur noch Gott, aber er auf jeden Fall, die Sonne aufgehen lassen kann. Mit einer solchen Vision leben, bedeutet, daß wir unterwegs zu unseren jeweils neuen Lebensaufgaben uns nicht von der Erinnerung an das Vergangene lähmen lassen. Wir brauchen auch nicht zu verdrängen, wie wir unseren Bruder, unsere Schwester mißhandelt haben. Vielmehr gibt Gott unserer Reue durch seine Vergebung den neuen Anfang. Das lernen wir vom Handeln Gottes an Jakob, dem Stammvater Israels. Zwar hatte er auf unbrüderliche Weise seinem Bruder Esau das Erstgeburtsrecht abgefuggert. Aber dann auf der Flucht durfte er in der Nacht aus dem Traum die Vision mitnehmen, daß ihm der Himmel offensteht, daß eine Himmelstreppe von Gott und seinen Engeln zu ihm führt.

„Leben mit einer Vision:
Daß der Himmel die Erde berührt!
Wie notwendig war dieses Bild für Jakob
in der Fremde als Hirte,
auf die Geduldsprobe gestellt,
als er um Rachel warb und Lea erhielt.
Und bei der Heimkehr: Als er
mit seinem Gott ringen mußte und zum Israel wurde.
Als er sich, demütig seinem Bruder näherte.

Leben mit einer Vision:
Daß Gott in seinem Sohn die Erde berührt!
Wie notwendig ist mir dieses Bild in der Fremde,
um das Abbild unseres Gottes,
dessen Entwurf in mir schlummert,
in traumwandlerischer Sicherheit
und gegen alle Widerstände der Welt
und des eigenen Herzens
Gestalt werden zu lassen."

(G. Biemer, in: Symbole des Glaubens leben, Ostfildern 1999, S. 51)

XI. „Ich glaube ... die Auferstehung der Toten“

Alle Apostel sind Märtyrer. Alle Märtyrer verweisen mit ihrem Tod über dieses Leben hinaus; denn, wenn es kein Leben über dieses Leben hinaus gäbe, wäre ihr Leben ebenso sinnlos wie ihr Tod. Aber an solchen Sinn haben sie geglaubt. Dazu und dafür sind sie uns Zeugen geworden. Das erkennen wir z.B. am Apostelfest von Peter und Paul, näherhin in der Lesung aus dem Zweiten Timotheus-Brief, wo Paulus (d.h. der Verfasser) von seinem Ende spricht: „Ich habe den guten Kampf gekämpft, den Lauf vollendet, die Treue gehalten“ (2 Tim 4, 7). Dieses berührende Bekenntnis enthält das Glaubenszeugnis zum zweitletzten Artikel unseres Glaubensbekenntnisses: „Ich glaube die Auferstehung der Toten“. – Das soll uns Anlaß sein, darüber nachzudenken, was „Auferstehung der Toten“ bedeutet: aus der Perspektive des menschlichen Lebens, wie sie im Licht der Offenbarung Gottes zu verstehen ist und welche Vorstellung wir uns vom Unvorstellbaren machen können.

1. Auferstehung der Toten aus der Perspektive unseres Lebens

Es müßte eigentlich jedem einleuchten, daß unser Leben sinnlos wird, wenn es auf nichts hinausläuft, nur auf den Tod. Auch die gegenläufige Forderung, das Leben dürfe eben keinen Sinn beanspruchen, spitzt die Problematik nur zu; denn ebenso gut könnte man dem Menschen verbieten zu essen oder zu lieben. Sinnlosigkeit aber ist die Anzeige in unserem Kopf, wenn wir denken, daß es mit diesem Leben sein Bewenden hätte. Um deutlicher zu argumentieren, nehmen wir den Bereich der moralischen Verantwortung zum Ausgangspunkt: Es darf nicht auf dasselbe hinauslaufen, das Los der unschuldig Ermordeten und das ihrer Mörder; das Schicksal der Opfer und das der Täter – derer, die Tausende oder Millionen auf dem Gewissen haben und sich selbst der Verantwortung entzogen haben. Es würde auf dasselbe hinauslaufen, wenn mit diesem Leben alles zu Ende wäre. Dann bliebe vieles unabgegolten in Ungerechtigkeit, und die Grundstruktur des menschlichen Denkens und sittlichen Empfindens über Jahrtausende wäre falsch und unsinnig. – Angesichts des großen Unrechts, zum Beispiel der großen schrecklichen Untat unseres Volkes vor der Mitte des 20. Jahrhunderts in der Schoah (Holocaust), der Ermordung so vieler Juden und anderer in den deutschen Konzentrationslagern wird heute gesagt: Erinnerung ist das Geheimnis der Erlösung. Gemeint ist damit, daß nicht die Verdrängung solch himmelschreienden Unrechts uns erlösen kann, sondern nur das Einstehen für die Wahrheit, daß geschehen ist, was geschah. Auch wenn die unmittelbar Schuldigen schon tot sind, gebietet uns die Würde der Opfer, für die Wahrheit Zeugnis zu geben. Das aber bedeutet, das Schreckliche, das geschehen ist, nicht in Vergessenheit geraten zu lassen, sondern mit den Heranwachsenden zu bedenken und zumindest den Imperativ mitzunehmen: „Nie mehr Auschwitz!" In diesem Sinne gilt: *Erinnerung ist das Geheimnis der Erlösung.* Zudem aber bleibt die sittliche Forderung bestehen, daß für die wirklich Schuldigen die Verantwortung für ihre Verbrechen über den Tod hinaus weist.

Verändern wir unseren Blickwinkel! *Auch Zukunft und Hoffnung enthalten das Geheimnis der Erlösung*. Die Erlösung besteht nicht nur darin, daß ich mich mit dem auseinandersetze, was geschehen ist, sondern auch darin, daß wir unseren Beitrag zu Wahrhaftigkeit und Zuverlässigkeit des Lebens untereinander leisten. Dabei zeigt sich, die Wahrheit wäre keine *Wahrheit*, wenn es niemanden gäbe, der sie be*wahr*t. Dann würde das, was wir gerne für wahr halten und was in der Tat vielleicht festzuhalten ist, weil es so geschehen ist, ja in kurzer Zeit verschwinden. Mit den Menschen, die es noch kannten, mit den Akten, die man vernichtet hat, wäre die Wahrheit verschwunden. Wenn wir also in uns so etwas tragen wie die Sehnsucht, ja den festen Glauben an Wahrheit, ist dies ein ganz deutlicher Verweis darauf, daß diese Wahrheit selbst eine alle Menschen durchdringende und umfassende Wirklichkeit ist. Eine geheimnisvolle Wirklichkeit und ein wirkliches Geheimnis, das alles aufbewahrt auf seine Weise. Wie die im Leben unabgegoltene Schuld so verweist auch die Sehnsucht, das Verlangen nach Gerechtigkeit über den Tod hinaus. Sie wird uns in dieser Welt nie voll zuteil werden. Wer unter uns würde sagen: Das Leben ist mir voll und ganz gerecht geworden? Mich verstehen die Menschen voll und ganz? Ist es nicht vielmehr umgekehrt so, daß jede und jeder darüber berichten könnte, wo und wie ihm Menschen nicht gerecht geworden sind? Beginnt es nicht mit den Kindheitserinnerungen, die wir in uns tragen, in vielem unverstanden geblieben zu sein? Gibt es nicht zahllose Beispiele, daß uns das Leben nicht gerecht geworden ist? Und schauen wir auf andere: Am Grab früh verstorbener Menschen ist es ganz besonders deutlich, daß wir sagen: Ihr/ihm ist das Leben nicht gerecht geworden. Es bedarf der

Ergänzung, der Vollendung dieses Lebens in der Auferstehung. Gerechtigkeit besagt zudem: Es muß so etwas wie Rechenschaft über unser ganzes Leben geben, sonst wäre, wer verantwortlich gehandelt hat, der Dumme auf dieser Welt. Schon, wer sich nicht in Korruption und Verleumdung verwickeln läßt, wer gerecht und ordentlich seine Arbeit macht, auch wenn sie niemand sieht, vertraut auf die uns alle umfassende Gerechtigkeit und Ordnung, vertraut über dieses Leben hinaus.

Fassen wir zusammen. Das Leben wird sinnlos, wenn es keine Wahrheit gibt, außer der von den Menschen bewahrten, wenn es keine Gerechtigkeit, außer der von den Menschen gemachten, wenn es keine Verantwortungsinstanz gibt, außer der gesellschaftlichen Öffentlichkeit. Der Geist, den wir in uns tragen und der unser Denken ausmacht, bestätigt so unser Vertrauen auf ein Leben nach dem Leben. Der menschliche Geist bestätigt: Das Bewußtsein meiner selbst, das „Antwortwesen" zu sein, das dieses Universum so versteht, so in sich aufzunehmen vermag, daß es diese Erfassung, dieses Verstehen in Lob verwandeln kann, in Lobpreis. All dies sind vom Menschen her gegebene deutliche Verweise darauf, daß dieses Leben keinen Sinn macht, wenn es mit diesem Leben zu Ende wäre. Unser Geist wäre sinnlos, unser Verstand, unsere bewußte Teilhabe an diesem großen Universum, besonders unsere Sehnsucht, die auf mehr als alles ausgeht und die uns im Leben mitgegeben ist, sie ist nicht unser eigenes Produkt.

2. Auferstehung der Toten als Aussage der Offenbarung Gottes

„Ich werde wiederkommen und euch zu mir holen, damit auch ihr dort seid, wo ich bin" (Joh 14,3). Jesus war, wie kein anderer Mensch auf dieser Welt, davon durchdrungen und davon überzeugt, daß er leben würde, das wahre Leben beim Vater haben würde. „Ich bin vom Vater ausgegangen und in die Welt gekommen. Ich verlasse die Welt wieder und gehe zum Vater" (Joh 16,28). Das war die Grundmelodie seines ganzen Lebens. Auf diese Grundmelodie hin hat er sein Leben gereimt und war bereit, auch das größte Unrecht auf sich zu nehmen, ohne im geringsten daran zu zweifeln, daß ihm die Wahrheit und die Gerechtigkeit zuteil wird beim Vater.

„Wir sind vom Tod schon zum Leben hinüber gegangen", lesen wir im 3. Kapitel des ersten Johannes-Briefes, „wenn wir die Brüder und Schwestern lieben." Damit wird die Todesmarke verlagert. *Der Tod* findet nicht dort statt, wo der Herzschlag endet und der Gehirntod eintritt, sondern Tod findet dort statt, wo Ellbogen und Egoismus und Gewalt und Ungerechtigkeit, Lieblosigkeit und Haß, Verleumdung und Zerstörung herrschen. *Und Leben* beginnt dort, wo einer den andern achtet, anerkennt, „liebt". Und Liebe ist immer unverdient. So ist in der Lebensauffassung Jesu und seiner Apostel „Leben" größer als irdische Existenz. Dem entspricht das elementare Wort des Ezechiel im Kapitel 37: „Ich werde euch, mein Volk, aus all euren Gräbern heraufholen und euch wieder heimführen in euer Land. Und wenn ich euch, mein Volk, aus euren Gräbern heraufgeholt habe und heimgeführt habe, dann werdet ihr erkennen, daß ich Jahwe bin, der Ich-bin-da-für-euch". Ein erschütternder Satz angesichts der Schoah im 20. Jahrhundert, aber auch ein erschütternder Satz angesichts des großen Glaubens Israels an die Auferstehung, den wir durch Jesus Christus in noch einmal veränderter Form gelernt haben. Nach Paulus: „Die Leiden dieser Zeit stehen in keinem Verhältnis zu der Herrlichkeit, die an uns offenbar werden wird," an den Kindern Gottes und an der ganzen Schöpfung (nach Röm 8,18). Damit zieht Paulus die Konsequenz aus der Glaubenstatsache der Auferstehung Jesu, die er im ersten Korintherbrief bezeugt hat (1 Kor 15). Er sagt: Alle Widerfahrnisse in dieser Welt und Zeit erscheinen danach in einem neuen Licht. Sie werden damit nicht unwichtiger, im Gegenteil, sie wirken sich ja im Neuen Leben aus. Aber sie haben einen völlig neuen Stellenwert im Glanz der Herrlichkeit Gottes, dessen voll adoptierte Kinder wir Menschen aus diesem Universum sind.

3. Gibt es Umrisse einer Vorstellung von der Auferstehung?

Bevor ich sage, wir können sie uns überhaupt nicht vorstellen, sage ich: Die ehrwürdigen Gebeine, die wir bestatten, sie sind von den Christen von der Anfangszeit an, ja von jüdischer und christlicher Urzeit an, in großer Ehrfurcht gehalten worden. Sie haben heilige Reste davon aufbewahrt, sie haben sie – das Wort für Reste – Reliquien genannt, Überbleibsel, Zeichen derer, die von ihnen gegangen sind und an die sie sich klammern wollten, an deren Gegenwart ihnen gelegen ist, weil sie für sie Zeugen des Glaubens gewesen sind.

Aber nicht diese verwesende Leiblichkeit, auch nicht die heiligen Reste, auch nicht der Unterkiefer des Homo Heidelbergensis mit seinem Alter von fünfhunderttausend Jahren, nicht sie sind es, die für uns das Bleibende ausmachen. Was bleibt denn von dir und mir? Im Blick auf die Auferstehung Jesu kann die Antwort nur lauten: „Was ihr dem Geringsten meiner Brüder und Schwestern getan habt, das habt ihr mir getan“ (Mt 25). So sagt er, in dem Gott selbst in seinem Sohn Mensch geworden ist. Das ist es, was bleibt. Die Wahrheit, für die wir Zeugnis abgelegt haben, indem wir uns daran geklammert haben, bleibt. Die Gerechtigkeit, die wir versucht haben, die Barmherzigkeit, die wir walten ließen, als wir auf unser Herz horchten, bleibt. Das Gute, das wir getan haben, das bleibt. Unsere geistige Persönlichkeit, insofern sie sich dieser Liebe, dieser Wahrheit, dieser Gerechtigkeit verschrieben hat, hat eine Bleibe. Diese unsere geistige Persönlichkeit, die Seele mit unserer Lebensgeschichte wird bleiben. Sie ist wie die Flamme der Taufkerze, an der Gott unser ewiges Dasein entzündete. Und wir werden auf Grund dieser unsterblichen geistigen Persönlichkeit in einen neuen Menschen verwandelt werden, in ein neues Geschöpf. Es entsteht eine Neue Schöpfung, das Neue Jerusalem, das von Gott herabkommt (Offb 21,2). Der Neue Mensch, der wir von der Taufe an geworden sind und mit dem wir unseren Anteil an Jesus Christus haben – dem Erstling der Erstandenen von den Toten – (1 Kor 15, 23), ist die Grundlage für unsere Auferstehung aus der Welt der Toten. Die neue Welt, das neue Universum wird offenkundig christozentrisch sein.

4. Schluß

Wir wollen zum Schluß aus diesen Überlegungen zu einem der Grundsätze unseres Glaubens zwei Konsequenzen ziehen:
1. Alles in diesem Leben und auf dieser Welt, was nicht böse ist, kann uns zum Zeichen werden für die kommende Welt. Alles kann ein Symbol jener Neuen Schöpfung werden, ein Unterpfand, durch das unsere Sinne schon Kontakt mit der Welt der Auferstehung aufnehmen können. In diesem Sinne gilt das Wort des Dichters:

„Keines Sommers Geheimnis ward uns zu rauben,
Keiner ging so, wie die Fremdlinge hingehen, hin.
Siehe die Kerze brennt durch die drohende Nacht,
Und wir glauben allen vergänglichen Glühens unsterblichen Sinn.“
(J. Weinheber, Die Kerze)

2. Darum kann und soll unser Leben die Gewichtung erhalten, an der man spürt: Für uns sind Petrus und Paulus, Maksymilian Kolbe und Edith Stein, Rupert Mayer oder auch Martin L. King und all die anderen keine zu bedauernden Männer und Frauen, die allzu früh oder auf unsinnige Weise zugrunde gegangen sind. Vielmehr haben sie mit ihrem Herzblut darauf verwiesen: Der Tod ist die Station, an der das unendliche Leben, das mit diesem Leben verheißene Leben, offenbar wird. Glaube an die Auferstehung der Toten beinhaltet: In unserem Tod sind wir von Gott getragen aus dem Land, wo es keine Heimat gab und gibt, dorthin, wo wir Rechenschaft über das uns anvertraute Leben ablegen werden und wo uns Jesus Christus beim Vater den ewigen Glanz seiner Wohnungen bereitet hat (Joh 14,2f).

XII. „Ich glaube an das ewige Leben. Amen“

Im Markusevangelium wird uns berichtet, daß Jesus in seiner Heimat in Nazaret, anders als an anderen Orten Galiläas auf Unglauben und Ablehnung stößt. „Die vielen Menschen, die ihm zuhörten, staunten und sagten: ‚Woher hat er das alles? ...Ist das nicht der Zimmermann ...?‘ Und sie nahmen Anstoß an ihm und lehnten ihn ab“ (Mk 6,2f). Wir werden versuchen, den Bogen zu schlagen von diesem Evangelium, in dem der Künder des ewigen Lebens abgelehnt wird, zu dem Glaubensartikel, der unser Glaubensbekenntnis abschließt: „... und an das Ewige Leben.“

1. Jesus, der Zeuge des Ewigen

Der Kontrast könnte nicht schärfer sein und der Gegensatz nicht stärker zwischen der einzigartigen Persönlichkeit Jesu von Nazaret und der Art und Weise, wie ihn seine eigenen Nachbarn, Freunde und Bekannte, die Menschen, mit denen er seit Jahrzehnten gelebt hat, beurteilen. Es ist erstaunlich, und so heißt es ja auch im Evangelium, wenn auch in umgekehrter Absicht: „Sie staunten darüber“. Wir finden es erstaunlich, mit welcher Borniertheit die Leute seines Heimatdorfes geschlagen waren, mit welcher Voreingenommenheit oder Geistesenge, daß sie, im Unterschied zu den meisten Volksscharen, nicht in der Lage waren, an diesem einzigartigen Menschen unter den Mitmenschen ihrer Zeit herauszufinden, was in ihm steckte und was er zu geben hatte, ihnen hätte geben können. Es war nicht nur Unvermögen und Unverstand, es war auch

Bosheit dabei. Sie lehnten ihn ab, weil sie sich festgelegt hatten in ihrem Vor-urteil: Den kennen wir doch. Wir wissen doch, wo er herstammt, alles ganz gewöhnliche Leute. Wie spielt der sich denn auf? So unbekannt ist die Denkart der Nazarener nicht. Mancher junge Mensch, der unter den Vorurteilen seines Dorfes, seiner Verwandtschaft oder Sippe zu leiden hat, kennt diese bedrückende Geistesenge. Bekanntlich haben Jesu „Brüder" auch nicht an ihn geglaubt (Joh 7,5).
Das Verhalten der Nazarener steht in solchem Kontrast zu der Aussage, die Petrus gefunden hat, als Jesus in einem anderen Zusammenhang eine ähnliche Zäsur, einen ähnlichen Bruch unter seinen Zuhörern hervorrief mit dem Wort: „Ich bin das lebendige Brot, das vom Himmel herabgekommen ist. Wer von diesem Brot ißt, wird in Ewigkeit leben" (Joh 6,51). Die Empörung war ebenfalls groß. Die Menge wandte sich von ihm ab und ließ ihn stehen. Da war es Petrus, der sagte: „Herr, zu wem sollen wir gehen? Du hast Worte des *ewigen Lebens.* Wir sind zum Glauben gekommen und haben erkannt: Du bist der Heilige Gottes" (Joh 6,59). Nicht bei Johannes, wohl aber bei Matthäus steht Jesu Antwort: „Das haben dir nicht Fleisch und Blut offenbart, sondern mein Vater im Himmel. Ich aber sage dir: ‚Du bist Kephas, der Fels, darauf werde ich meine Gemeinde, meine Kirche bauen. Sie wird durch die Mächte des Bösen nicht überwältigt werden'," (nach Mt. 16,18).
Jesus, in dem die Ewigkeit Zeit geworden ist, in dem das ewige Leben sterbliches Leben geworden ist, in dem Gott Mensch geworden ist, in dem das Geheimnis unserer Existenz anfaßbar geworden ist, in dem die Unzugänglichkeit Gottes zum Weg geworden ist, er allein hat die Fähigkeit, wirklich in das ewige Leben zu führen.

Aber wer das sagt, wird auch heute bei den Menschen auf Ablehnung stoßen, die nur das für möglich halten, was in ihren vorgeformten Vorstellungsrahmen paßt. Wer Gott für nicht möglich hält, macht sich selbst unfähig, ihn als wirklich kennenzulernen.

2. Die Sehnsucht nach dem, was bleibt

Der Konflikt um das ewige Leben, den Jesus ausgelöst hat, hat an Schärfe nicht verloren, auch nicht in unserer Zeit. Die Schwierigkeit der Auseinandersetzung liegt vor allem darin, daß „das ewige Leben“ eigentlich eine Aussage über Gott ist. Ähnlich wie das Heilige ist das Ewige eine göttliche Qualität. Im alltäglichen Gesprächsumgang wird aber mitunter, auch unter gläubigen Menschen so getan, als könnten wir von unserer Lebenswelt aus darüber (end-)gültige Aussagen machen. Wir denken uns eine Art Fortsetzung des irdischen Lebens unter veränderten Bedingungen. Damit machen wir aus einer göttlichen Qualität ein Ding unseres Lebens und Denkens, unserer Vorstellungen. In der Folge werden solche Aussagen angreifbar und werden von kritischen Geistern (zu Recht) lächerlich gemacht. Wenn wir z.B. unsere Bilder des Vergänglichen auf die Leinwand des Ewigen projizieren, bewirkt das „ewige“ Leben als ewige Dauer Langeweile. Die Realität des lebendigen Gottes kommt anders zur Sprache, wenn Jesus „mit Vollmacht“ davon spricht, als wenn wir uns daran versuchen! Es ist wert, darauf zu achten, daß Jesu Gleichnisse vom Vater nie die Größe Gottes ins Banale übersetzen, nur damit sie etwa in die kleinen Vorstellungsräume passen, die wir dafür zur Verfügung stellen.

Anderseits aber haben wir in uns eine Antenne für die Botschaft vom ewigen Leben, die anzeigt: Es ist noch immer wahr, daß er uns „als sein Abbild“ geschaffen hat (Gen 1,27). Diese Antenne ist die *Sehnsucht nach der Unendlichkeit, unverkennbar* gerade auf den Höhepunkten unseres Lebens. Uns, wie man sagt, in unser Herz gelegt. Die Sehnsucht nach Dauer, das Überwinden der schmerzlichen Abschiede, das Zusammen-leben-können ohne Grenzen. Aus dieser Sehnsucht haben religiöse Menschen zu allen Zeiten Bauwerke errichtet, die ihrem Verlangen nach Dauer und Schönheit zur Verehrung Gottes Ausdruck geben sollten: die hochstrebenden gotischen Kathedralen, die mächtigen romanischen Dome, den mehrmals neu erbauten Tempel von Jerusalem, die farbig eleganten götterreichen Tempel in Indien, die elementaren Pyramiden der alten Ägypter. In der Bretagne sind es übermannshohe unbehauen aufgerichtete Steine aus prähistorischer Zeit, Menhire, die wie eine Prozession der untergehenden Sonne nach ins Meer hinein zu wandern scheinen. Steine können in der Tat zumindest ein Symbol der menschlichen Sehnsucht nach ewiger Existenz sein.
Der Geist des Menschen reicht weiter als sein Körper. Die Seele ist anders als der Leib, sie ist unsterblich. Deshalb hat der Mensch Sehnsucht nach dem, was bleibt, nicht stirbt, nicht vergeht. Jesus hat diese Sehnsucht aufgegriffen, wenn er nach dem Johannes-Evangelium sagt: „Im Hause meines Vaters gibt es viele Wohnungen. Wenn es nicht so wäre, hätte ich euch dann gesagt: Ich gehe, um einen Platz für euch vorzubereiten? Wenn ich gegangen bin und einen Platz für euch vorbereitet habe, komme ich wieder und werde euch zu mir holen, damit auch ihr dort seid, wo ich bin.“ (Joh 14,2f)

3. Was das ewige Leben ausmacht

Diese „Wohnung", dieses Dortsein, ist fremd, ist andersartig, und wir reichen von dieser Welt aus eigener Kraft nicht hin. Alle unsere Vorstellungen versagen. Ewiges Leben ist das, was Gott schon immer ist, *bevor* es heißt: „Im Anfang schuf Gott Himmel und Erde, und die Erde war wüst und leer..." Ewiges Leben ist *das Davor*. Ewiges Leben ist aber auch das, was sein wird, von dem es auf den letzten Seiten der Bibel heißt: „Ich sah die heilige Stadt, das neue Jerusalem, von Gott her aus dem Himmel herabkommen. ... (Gott) wird in ihrer Mitte wohnen ... Er wird alle Tränen von ihren Augen abwischen: Der Tod wird nicht mehr sein, keine Trauer, keine Klage, keine Mühsal" (Offb 21,2-4). Das kommt *danach*. Von diesem Davor und Danach sprach Jesus, als er sagte: „Noch ehe Abraham wurde, bin ich" (Joh 8,58). Für diese scheinbare Anmaßung, Kompetenz für die Ewigkeit zu haben, wollte man ihn steinigen. Was ist sie, diese Ewigkeit im Unterschied zur Zeitlichkeit?

Wenn wir uns ihr auszusetzen versuchen, ist die Einübung der Gelassenheit durch schlichtes Meditieren ein hilfreicher Einstieg. Das bewußte Nichtstun öffnet uns mit unserem ans Machen gewöhnten Lebensstil eine Alternative, die wie ein Gleichnis des Ewigen Lebens ist: einfach sein, einfach nur dasein, erfahren daß ich erhalten und im Dasein gehalten werde. Mein Herz schlägt, mein Organismus kommuniziert im Atem mit der übrigen Schöpfung. Bekannte Mystiker haben in diesem Sich-Loslassen, in diesem Leerwerden vom Ich und Bereitwerden für Gottes Einkehr den Vorschein und Abglanz des anderen Lebens erfahren. Genau gesagt: Sie haben darin ein Gleichnis, eine erfahrbare Analogie der

Da-Seins-Form des ewigen Lebens gesehen. Gott selbst hat uns in seinen vielfältigen Offenbarungen den Weg ins „unzugängliche Licht" gebahnt, die Brücke hinüber aus diesem Leben in das wahre Leben geschlagen. *Die Ewigkeit ist der Ewige selbst. Das ewige Leben ist die Teilhabe an Gott und nichts Geringeres.* Das ewige Leben beginnt also mit jenem Zeitpunkt, da sich die Ansage Jesu realisiert: „Kommt her, die ihr von meinem Vater gesegnet seid, nehmt das Reich in Besitz, das seit Erschaffung der Welt für euch bestimmt ist" (Mt 25,34). Das ewige Leben beginnt dann, wenn Gottes Aussage über die erlöste Menschheit endgültige Wirklichkeit wird: „Mit menschlichen Fesseln zog ich sie an mich, mit den Ketten der Liebe" (Hos 11,4). Dann, wenn Gott aufsteht wie jener Vater im Gleichnis Jesu: „Der Vater sah ihn schon von weitem kommen. ... Er lief dem Sohn entgegen, fiel ihm um den Hals und küßte ihn" (Lk 15). Ewigkeit ist dort, wo das Prophetenwort: „Fürchte dich nicht, denn ich habe dich ausgelöst ... Weil ich dich liebe, gebe ich ganze Länder für dich", seine Erfüllung findet (Jes 43,1). Wo die Verheißung Gegenwart ist: „Schau her, ich habe dich eingezeichnet in meine Hände..." (Jes 49,16).

Ewigkeit, das ist das Ganzwerden des in seine Einzelteile zerstreuten Lebenslaufes in seinen zehn, zwanzig, achtzig Jahren in einer lebendigen Jetztheit, im Nu, wie man in früheren Zeiten gesagt hat. Ewigkeit ist dann, wenn ich *ganz* bin; so wie ich noch nie in solch lebendiger Wirklichkeit hier ganz ich selbst gewesen bin, und es mit den anderen Mitmenschen in der Gemeinschaft der Erlösten bin. Dort sind wir in Glückseligkeit, weil wir im Spiegel dessen leben, der uns zu seinem Abbild erschaffen hat. Von hier aus (dieser Welt) sehen wir nur durch die Trübungen dieses Spiegels. Auf jener Seite erkennen wir, daß Gott uns geläutert und geklärt, aufbewahrt und aufbehalten hat für sich (vgl.1 Kor 13,12).

4. Ein Bild, ein Gleichnis?

Wenn ich nach einem Bild in meinem Leben suche, das die unendliche Verschiedenheit des zeitlich-irdischen Lebens vom „ewigen Leben“ Gottes für mich veranschaulicht, dann würde ich sagen:
Die Zäsur zwischen diesem und dem ewigen Leben erinnert mich an jene letzten Monate vor und nach dem Ende des Zweiten Weltkrieges im Mai 1945. Als der Geschützdonner von allen Seiten und das Krachen der Bomben und Granaten plötzlich zu Ende gegangen waren, als die Angst aus den Großstädten wich, die in Trümmern lagen, begann ein unglaublich schöner Sommer, wie ich ihn Jahre vorher oder hernach nicht erlebt habe. Ungestört wuchsen riesige Unkrautstauden mit wundervollen Blüten über den grauen Trümmern der Großstadt Mannheim und tauchten die zerstörte Vergangenheit in ein barmherziges Meer von Grün und zahllosen Farben. Was für ein Leben, dachte ich mir als Fünfzehnjähriger nach sechs Jahren Angst in zahllosen Bombennächten. Irgendwo in dieser wirren Zeitphase war meine Kindheit zu Ende gegangen. So ähnlich kann ich mir die Differenz zwischen dem Getöse des Lebens in unserer Menschenwelt und dem ewigen Leben vorstellen. Irgendwo dazwischen wird uns eine Läuterungsphase in das „Lebensalter“ und in die Identität des Neuen Menschseins entlassen. „Ich werde ihm einen weißen Stein geben, und auf dem Stein steht ein neuer Name, den nur der kennt, der ihn empfängt“ (Offb 2,17).

Die Lebenskunst der Klöster

Münsterschwarzacher Kleinschriften

60	Anselm Grün, **Gebet als Begegnung**	1990/2001
64	Anselm Grün, **Eucharistie und Selbstwerdung**	1990/2002
67	A. Grün, **Geistl. Begleitung bei den Wüstenvätern**	1992/2002
68	Anselm Grün, **Tiefenpsycholog. Schriftauslegung**	1992/2002
71	Anselm Grün, **Bilder von Verwandlung**	1993/2001
73	Wunibald Müller, **Meine Seele weint**	1993/2001
76	Anselm Grün/Gerhard Riedl, **Mystik und Eros**	1993/2001
77	Gabriele Ziegler, **Der Weg zur Lebendigkeit**	1993
79	Fidelis Ruppert, **Der Abt als Mensch**	1993
80	Boniface Tiguila, **Afrikanische Weisheit**	1993
81	Anselm Grün, **Biblische Bilder von Erlösung**	1993/2001
82	A. Grün/M. Dufner, **Spiritualität von unten**	1994/2002
85	R. Abeln/A. Kner, **Das Kreuz mit dem Kreuz**	1994
86	Fidelis Ruppert, **Mein Geliebter, die riesigen Berge**	1995
87	Basilius Doppelfeld, **Zeugnis und Dialog**	1995
90	Fidelis Ruppert, **Intimität mit Gott**	1995/2002
92	Anselm Grün, **Leben aus dem Tod**	1995/2001
94	Edgar Friedmann, **Ordensleben**	1995
95	Hermann M. Stenger, **Gestaltete Zeit**	1996
97	Christian Schütz, **Mit den Sinnen glauben**	1996
98	Karin Johne, **Wortgebet und Schweigegebet**	1996
99	Anselm Grün, **Das Kreuz**	1996/2005
100	A. Grün/A. Seuferling, **Schöpfungsspiritualität**	1996/2002
101	Basilius Doppelfeld, **Lassen und Gelassenheit**	1996
102	Anselm Grün, **Wege zur Freiheit**	1996/2003
103	G. Kreppold, **Krisen – Wendezeiten im Leben**	1997/2001
104	Irmgard und Peter Abel, **Familienleben**	1997/2002
106	Anselm Grün, **Exerzitien für den Alltag**	1997/2001
108	F. Ruppert/A. Stüfe, **Der Abt als Arzt ...**	1997
109	Henri Nouwen, **Unser Heiliges Zentrum finden**	1998/2003
110	Georg Braulik, **Zivilisation der Liebe**	1998
111	Wunibald Müller, **Wenn du ein Herz hast ...**	1998

112 G. Kreppold, **Selbstverwirklichung od. Selbstverleugnung?** 1998
113 Basilius Doppelfeld, **Erinnern** 1998
114 Anselm Grün, **Zerrissenheit** 1998/2001
116 Reinhard Körner, **Was ist Inneres Beten?** 1999/2002
117 Christa Carina Kokol, **Wie bist du, Gott?** 1999
118 Gabriele Ziegler, **Sich selbst wahrnehmen ...** 1999
120 Anselm Grün, **Vergib dir selbst** 1999/2001
122 Guido Kreppold, **Träume – Hoffnung für das Leben** 1999/2001
124 Basilius Doppelfeld, **Loslassen und neu anfangen** 2000/2002
127 Wunibald Müller, **Dein Herz lebe auf** 2000/2002
128 Anselm Grün, **Entdecke das Heilige in Dir** 2001
129 Guido Kreppold, **Esoterik** 2001
130 Mauritius Wilde, **Der spirituelle Weg** 2001
131 Johanna Domek, **Das Leben wieder spüren** 2001/2006
134 Klaus-Stefan Krieger, **Gewalt in der Bibel** 2002
136 Meinrad Dufner, **Schöpferisch sein** 2002
137 B. Ulsamer/M. Hell, **Wie hilft Familien-Stellen?** 2003
138 Lothar Kuld, **Compassion – Raus aus der Ego-Falle** 2003
139 Peter Abel, **Neuanfang in der Lebensmitte** 2003
140 Wunibald Müller, **Dein Weg aus der Angst** 2003
142 A. Grün/R. Robben, **Gescheitert? – Deine Chance!** 2003
143 Meinrad Dufner, **Rollenwechsel** 2004
144 Bertold Ulsamer, **Zum Helfen geboren** 2004
145 A. Grün/W. Müller, **Was macht Menschen krank ...?** 2004
146 Peter Modler, **Lebenskraft Tradition** 2004
147 Gruber/Steins, **Mit Gott fangen die Schwierigkeiten ...** 2005
148 Guido Kreppold, **Die Kraft des Mysteriums** 2005
149 Peter Modler, **Gottes Rosen** 2005
150 Jonathan Düring, **Der Gewalt begegnen** 2005
151 Wunibald Müller, **Allein – aber nicht einsam** 2005
152 B. Ulsamer, **Lebenswunden – Hilfe zur Traumabewältigung** 2006
153 Olav Hanssen, **Dein Wille geschehe** 2006
154 Reinhard Körner, **Dunkle Nacht** 2006
155 Jonathan Düring, **Wild und fromm** 2006
156 Guido Kreppold, **Dogmen verstehen** 2006
157 Peter Abel, **Gemeinde im Aufbruch** 2006
158 Michael Plattig, **Prüft alles, behaltet das Gute!** 2006
159 Paulus Terwitte/Peter Birkhofer, **Ich bin gerufen** 2007

160	Wunibald Müller, **Atme auf in Gottes Nähe**	2007
161	Anselm Grün, **Alles ist mir Himmel**	2007
162	Meinrad Dufner, **Kirchen verstehen**	2007
163	Jochen Sautermeister, **Glück und Sinn**	2007
164	Johannes Füllenbach, **Dein Reich komme**	2007
165	Wunibald Müller, **Atme in mir**	2008
166	Kirsner/Böhm, **Wo finden wir die blaue Fee?**	2008
167	Michael Plattig, **Ich wähle alles!**	2008
168	Katharina Schridde, **Den mütterlichen Gott suchen**	2008
169	Christoph Gerhard, **Astronomie und Spiritualität**	2008
170	Meinrad Dufner, **Seele ist Körper**	2009
171	Anselm Grün, **Lebensträume**	2009
172	Benedikt Müntnich, **Über Benedikt**	2009
173	Sabine Demel, **Spiritualität des Kirchenrechts**	2009
174	Astrid H. Küpper, **Erwecke den Clown in dir**	2010
175	Guido Kreppold, **Nachfolge**	2010
176	Placidus Berger, **Ars Moriendi**	2010
177	Mauritius Wilde, **Inspiration für Kirche und Welt**	2010
178	Gabriele Ziegler, **Frei werden**	2011
179	Marlene Fritsch, **Ich möchte keine Heilige sein**	2011
180	Jesaja Langenbacher, **Initiation**	2011
181	Nikolaus Nonn, **Willkommen**	2011
182	Meinrad Dufner, **Gottestäter**	2012
183	Bertold Ulsamer, **Schuld verstehen und heilen**	2012
184	Zacharias Heyes, **SOS – Was ist Notfallseelsorge?**	2012
185	Anselm Grün, **Demut und Gotteserfahrung**	2012
186	Hilarion Alfejev, **Vom Gebet**	2013
187	Sabine Demel, **Kirche sind wir alle**	2013

Eine Übersicht über alle Titel dieser Reihe finden Sie auf unserer Homepage www.vier-tuerme-verlag.de. Die Reihe ist auch im **Abonnement** zu beziehen. Gerne informieren wir Sie unter Tel. 09324/20-292 über diese Möglichkeit.

VIER-TÜRME-VERLAG
Telefon 09324/20-292 · Telefax 09324/20-495
Bestellmail: info@vier-tuerme.de | www.vier-tuerme-verlag.de